나는 이렇게 스포츠 마케터가 되었다

| 두 번째 이야기 |

SPORTS MARKETER

| 1세대 스포츠 마케터 김재현의 생생한 스포츠 마케팅 이야기 |

나는 이렇게 스포츠 마케터가 되었다

| 두 번째 이야기 |

김재현 지음

EDEN HOUSE

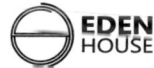

프롤로그

가능성에 날개를 달고
열정을 키워가기를

한 학생에게서 이메일을 받았다. 《나는 이렇게 스포츠 마케터가 되었다》를 매우 감명 깊게 읽었으며, 이 책을 메인으로 자기소개서를 작성했다고 하는 간절한 마음이 담긴 내용이었다.

출간한 지 5년여가 지났다. 여전히 스포츠 마케터를 꿈꾸는 학생을 비롯해 현업에서 어려움을 겪는 이들, 스포츠 산업에 대해 알고 싶다며 내게 연락해오는 사례가 최근 부쩍 늘었다.

그간 내가 걸어온 길이 헛되지 않았다는 새삼스러운 깨달음과 더불어 스포츠 마케팅에 대해 속 시원히 알 수 있는 곳이 많지 않다는 안타까움이 동시에 가슴을 휘젓는다. 우리나라 스포츠 마케팅 분야는 점차 세계를 넘나드는 참신한 기획과 다양한 분야로 영역을 확장하며 발전하는 중이다. 그러나 책을 준비하며 다시 돌아보니 할 일도 많고 갈 길도 멀다.

세계적인 경기에 대한 국민의 관심이 보다 넓어졌고, 인스타그램과 유튜브 등 SNS의 활성화로 스타 플레이어가 탄생할 수 있는 채널도 더 다양해졌다. 스포츠 마케팅이란 단지 스타 플레이어에 기대는 일이 아님에도 쏠림이 심하고, 비인기 종목 선수들의 여건은 여전히 미미하게 좋아지거나 답보 상태이며, 스포츠 선수가 선수 생활을 마치고 스포츠를 홍보하고 활동할 수 있는 영역은 한정적이다.

이번 책을 준비하며, 역시 스포츠 선수가, 스포츠 마케팅이 발전하려면 스포츠 산업의 근간과 바탕이 일반 사람들의 일상 저변까지 확장되어야 함을 재차 확신했다. 스포츠 마케팅이란 단지 한 종목을 홍보하고, 선수를 관리, 영입하는 일만은 아니기 때문이다. 스포츠 마케팅이 생소했던 시절에는 기업과 구단과 선수를 연결하고, 홍보에 비중을 둔 기획이 더 주요했을 테지만, 이제는 선수가 기업의 이미지가 되고, 구단에 보탬이 되는 걸 넘어서 산업의 저변을 개척하는 일이 필요하다.

이 책은 크게 두 가지 기둥으로 구성되었다. 스포츠 마케터란 어떤 것인지, 어떤 일을 할 수 있는지 알 수 있는 현장감 있는 경험과 사례가 그 첫 번째다. 이는 스포츠 마케터가 되고 싶어하는 이들뿐만 아니라 이제 현장에 첫발을 디디고 우왕좌왕하는 이들에게 영감이 되고 작은 이정표가 될 것이다.

둘째는 스포츠 마케터로서 확장된 내 시야에 대한 이야기다. 1세대 스포츠 마케터라는 자부심과 책임감으로, 더 나아가 한 사람의 스포츠인으로 나는 우리 스포츠 업계가 더 커지고 잘될 수 있으리라고 확신한다. 그리고 이를 이룰 수 있는 열정과 아이디어는 스포츠 마케터와 우리 스포츠 선수들로부터 나올 것이라고 믿는다.

이 책을 통해 진정한 스포츠 마케터가 되려는 이들이 자신의 가능성에 날개를 달고, 열정을 키워갈 수 있기를 바라본다.

감사의 말

나의 스포츠 인생을 담은 이 책이 출간되기까지 적지 않은 이들의 도움이 있었다. 책상에 앉아 창밖을 바라보며 생각을 정리하려니 수많은 얼굴들이 떠오른다.

내가 한층 나은 사람이, 또한 남부끄럽지 않은 스포츠 마케터가 되기까지 학문적 길을 보여주시고, 체육의 본질을 깨우쳐주신 은사님들, 스포츠 마케터로 단단히 자리매김할 수 있도록 실질적으로 도움을 준 스포츠인들, 현재 은퇴 후에도 여전히 나와 긴밀하게 연락을 주고받으며 스포츠 업계과 산업의 미래를 고민하고 걱정하는 이들…. 첫 책을 출간할 때도 한 분 한 분 떠올리다 보니 내가 이렇게 훌륭하고 존경할 만한 분들과 함께 해왔다는 생각에 가슴이 벅 찼다.

스포츠 산업에 임한 시간이 더 오래된 만큼 지금 그 감사한 분들을 언급하자면 한 파트를 다 할애해도 부족하다. 한 분 한 분 모두 언급하지 못하는 것에 송구한 마음과 함께, 그럼에도 불구하고 늘 염려와 애정의 마음으로 그분들을 생각하고 있다는 진심이 전해지기를 바란다.

출간할 때마다 곁에서 큰 도움을 준 나의 제자 정병철 이든하우스 대표, 참신한 기획과 세심한 편집으로 이 책을 편집해준 조혜정 편집자 님, 언제나 내가 꿈을 향해 달려갈 때 늘 곁에서 묵묵히 응원해주었던 아내와 따뜻한 가족, 이 책을 읽고 용기와 꿈을 가졌다는 감사 편지를 보내준 소중한 제자들, 조그만 공간에서 같은 목표를 가지고 보다 나은 꿈을 꾸며 동고동락했던 스포츠 마케터 직원들, 그리고 스포츠인으로 성장하고, 스포츠 마케터로 자리를 잡고 역량을 펼치기까지 도움을 주신 분들에게 무한한 존경을 담아 감사의 인사를 전한다.

차례

프롤로그_ 가능성에 날개를 달고 열정을 키워가기를 • 4
감사의 말 • 7

당신은
어떤 스포츠 마케터가
되고 싶은가?

시간이 지나도 변치 않을 스포츠 마케터의 자질 • 17
기획이란 행동하기 전까지 아무것도 아니다 • 22
내려놓아라, 먼저 주어라, 그러면 얻을 것이다 • 25
테이커가 되기보다 기버가 되는 일 • 29
꿈을 꾸는 지금이야말로 무엇이든 시도할 수 있다 • 33
마케팅하기 좋은 SNS 시대 • 37
무엇이 됐든 흥미가 돋아야 한다 • 40
플랜A가 무너지면 플랜B, 이것도 안 되면 플랜C • 43
할 수 있는 최선을 다했는가? • 46
스포츠 선수들의 꿈과 비전을 공유하라 • 50
비인기종목? No! 어느 순간 기회가 된다 • 53
스포츠에 나만의 비전이 있는가? • 58
첫째도 팬, 둘째도 팬, 셋째도 팬 • 62
꿈꾸는 이들에게 날개를 달아주다 • 68

열정, 치열함, 최선의 최선만이 나를 이끈다

뒤돌아보지 않을 정도로 몰두하라 • 77
하기로 마음먹으면, 모든 경험이 기회가 된다 • 81
바닥을 치면 반드시 올라온다 • 86
나만의 세컨드 윈드를 만들어라 • 90
이름값하던 맨체스터 유나이티드 • 93
드러내지 않는다면 '끼'가 아니다 • 96
끝까지 남는 것은 진심뿐이다 • 100
스포츠 사업에도 브랜딩이 필요하다 • 104
기적은 일어나는 게 아니라 만드는 것이다 • 108
세계적 이벤트가 바로 기회! 스포츠 산업 발전을 위해 • 111
다시 일어서는 힘 • 114
함께 하는 기쁨이 마케팅의 기본 • 118
시련을 밑거름으로 만들 줄 아는 태도 • 121
나만의 좋은 습관을 길러라 • 126
나를 지지해주는 든든한 마음들이 있다 • 128

스포츠 마케팅은 결국 사람의 일이다

목적을 이루는 길이 하나만은 아님을 • 133
시간은 흐른다. 사람의 시야도 넓어져야 한다 • 135
남과 같이 해서는 남 이상이 될 수 없다 • 138
오로지 한 명에게만 주목되는 역도의 매력 • 141
감동을 준다는 면에서 음악과 스포츠는 한가지다 • 145
복싱, 나 자신과의 싸움 • 148
가치를 알아보는 안목을 길러라 • 151
누군가는 남겨야 할 우리 스포츠사의 기록 • 154
의지가 있다면 언어의 한계는 극복할 수 있다 • 157

스포츠 마케터의 세계는 확장된다

스포츠 선수의 은퇴 후 활동에 미래가 있다 • 163
누군가를 응원하는 진실된 마음 • 167
MZ세대가 주역인 시대의 브랜딩과 마케팅 • 172
그 어느 때보다 '감동'이 키워드인 시대 • 175
'스포츠마케팅어워드'가 남긴 것과 남길 것 • 177
다 이뤘다 생각될 때도 배울 것은 있었다 • 182
한번쯤은 뒤돌아보고 점검해야 할 때도 있다 • 185
선진국의 스포츠 마케팅을 벤치마킹해야 할 때 • 188
사람을 챙기고 좋아하는 일을 당연하게 여기는 마음 • 193
발로 뛰어라, 가슴으로 감동시켜라 • 196
인연을 운명으로 만들어라 • 198
"말하는 대로"는 진리다 • 203
나는 세상이 즐거울 일을 하고 싶다 • 207
누군가를 이용하기보다 기꺼이 도구가 되어줘라 • 209
즐거우면 몰입이 된다 • 213
예비 스포츠 마케터들에게 하고 싶은 이야기 • 217

에필로그_ 세 번째 책을 펴내며 • 220

Part 1

당신은
어떤 스포츠 마케터가
되고 싶은가?

시간이 지나도 변치 않을
스포츠 마케터의 자질

　스포츠 마케터라는 직업은 더 이상 생소하지 않다. 그런 점에서 이 분야 1세대로서 새로운 감회를 느끼기도 하고, 못내 자부심이 생기는 것도 숨길 수 없다. 그간 발로 뛰고, 사람을 잇고, 수없이 고비를 넘긴 그 시간들이 초석이 되었다고 여긴다.

　박찬호 선수를 LA다저스로 진출시킨 스티브 김의 활약 이후, 우리나라에서도 스포츠 마케팅이나 에이전트에 대한 붐이 일었다. 현재 우리나라의 스포츠 마케팅 산업은 초반 불모지 같던 시기에 비해 괄목한 만한 성장을 했다 해도 무방하다. 여전히 갈 길이 먼 부분도 있고 꾸준히 독려해야 할 면이 있겠지만, 길지 않은 우리나라 스포츠 마케팅 역사를 볼 때 뿌듯함을 가져도 될 것 같다. 자신감은 앞으로 더 해나갈 힘이 되기 때문이다. 그렇다면 우리 스포츠 마케팅 분야에 놓인 과업은 무엇일까?

미국 스포츠는 선수와 구단, 에이전트의 3자구도가 제대로 자리매김했다. 에이전트가 선수를 대신해 구단, 광고회사 등과 일체의 계약을 성사시키고 선수뿐 아니라 에이전트도 막대한 부를 챙긴다. 선수의 몸값이 높으면 에이전트도 이익창출이 가능하기에, 이를 위해 선수들의 이미지 관리에 최선을 다하는 선순환 구조가 성립되어 있는 것이다.

우리나라 스포츠 에이전트 활동은 아직 종목별로는 통일되어 있지 않은 실정이다. 프로스포츠협회에선 비용이 부담스러운 선수들을 위해 야구, 축구, 여자농구에서 공익 에이전트 제도를 운영하고 있다. 국제축구연맹(FIFA) 에이전트 자격제가 있었던 프로축구는 2015년에 먼저 대리인 제도를 실시했고, 현재 국내 프로야구는 한국프로야구선수협회에서 주관하는 에이전트 시험을 통과하면 에이전트 자격을 취득할 수 있다.

그러나 프로농구와 프로배구는 별도 대리인 자격시험은 없다. 국내에서 에이전트 활동을 하려면 국제농구연맹, 국제배구연맹이 주관하는 공인자격시험을 통과 후 활동할 수 있지만, 대부분의 선수들은 에이전트를 통해 구단과 협상하지 않고 개인이 직접 연봉

> **FIFA 라이선스 기준**
>
> **플레이어 에이전트(Player's Agent)**
> 선수 에이전트 자격
> 대한축구협회가 주관하는 선수 에이전트 필기시험에 합격한 자
> FIFA 선수에이전트 규정에 의거한 책임보험에 가입한 자
> -에이전트 행동규범에 서명 후 협회에 제출
> -에이전트 관리 웹사이트 등록(비밀유지서약서 서명 후 업로드)

협상을 하고 있다.

이처럼 국내에서는 에이전시라는 용어보다는 매니지먼트사의 성격을 강하게 띠는 경향이 있다. 국내 스포츠에이전시 업무는 구단과 선수 계약을 담당하는 계약 에이전트(선수 대리인), 스포츠 이외 방송, 협찬, 후원 업무를 담당하는 마케팅 에이전트로 구분할 수 있다. 이때 계약 에이전트는 종목별 공인자격증이 있는 사람만 할 수 있는 업무이며, 마케팅 에이전트는 일반적인 스포츠에이전시 소속 직원 중 회사 내부 기준만 충족된다면 할 수 있는 업무이다.

즉 국내 인기스포츠인 야구선수들은 대부분 계약 에이전트 중심의 계약을 하는 반면에 타 종목 선수들은 마케팅 에이전트 계약을 통해 소속된 스포츠에이전시 관리를 받는다고 생각하면 된다. 따라

서 스포츠 마케팅 시장에서 프로스포츠 에이전트 활성화와 각 프로스포츠별 공인 에이전트의 자격을 강화할 필요가 있으며, 프로스포츠 시장에서의 새로운 비즈니스 확대와 스포츠 에이전트를 바라보는 역할과 이에 따른 시각을 통일되게 집중시킬 필요가 있다.

또한 이론과 실무를 겸비한 스포츠 마케터 양성을 위해 자격증을 활성화시킬 필요가 있다. 현재 '스포츠경영관리자'라는 자격증이 있기는 하지만, 스포츠 현장에서 실질적으로 상용화되지 않는 상황이고 생각보다 알려지지는 않았다.

시간이 흐름에 따라, 스포츠 시스템과 환경, 그리고 트렌드는 변하게 마련이고 그에 맞는 자질과 능력을 요구하게 마련이다. 변하지 않는 기본 자질은 바로 사람을 대하는 태도이다. 작은 인연이라도 중히 여기는 마음가짐을 말한다. 스포츠라는 건 결국 사람의 일이다. 선수가 경기를 하고, 그 경기를 관중이 채운다. 기업은 그 관중의 마음을 얻기 위해 노력하고 이를 통해 무언가를 창출한다. 그래서 스포츠 마케터는 선수의 마음으로 이해하고, 선수에게 필요한 부분을 센스 있게 파악하며, 서로 니즈가 맞는 구단 및 기업을 물색하고 적극 홍보하는 일이 주된 활동이 된다.

여기서 더 나아간다면, 스포츠 산업이 발 뻗는 범위가 넓어졌으니만큼 선수 개인과 구단, 기업이라는 형식적인 틀에서 벗어나서 스포츠의 저변을 확장할 수 있는 능력까지 발휘할 수 있으면 가장 좋다. 지역 기반의 생활 스포츠 확대를 위한 기획력, 그 기획을 현실화시킬 수 있는 스폰서와 행정처를 연결하는 일에까지 그 영역이 뻗어나가야 한다고 생각한다. '스포츠경영관리사'라는 자격증이 제 힘을 발휘하지 못하고 있기는 하지만, 이런 역량을 발휘하는 데 더없이 좋은 공부가 된다. 이 영역에까지 생각이 가 닿을 수 있다면, 일반적인 스포츠 마케터라는 역할을 넘어서서 특별한 차별점을 갖출 거라고 확신한다.

기획이란 행동하기 전까지
아무것도 아니다

　무엇보다 기획력이 중요한 시대다. 순간순간 떠오르는 아이디어라고도 할 수 있겠다. 늘 획기적인 기획이 나오면 더할 나위 없겠지만, 번뜩이는 아이디어라는 것이 그렇게 내게 자주 찾아오는 것은 아니다. 이는 기획을 하는 모든 이들의 고민일 것이다. 그러나 한 가지 장담할 수 있는 것이 있다면, 거기에 깊이 빠져들고 생각할수록 좋은 아이디어가 생겨난다는 점이다.

　글도 쓰면 쓸수록, 그림도 그리면 그릴수록 실력이 늘고 어느 순간, 획기적인 결과물이 나오듯이 기획도 마찬가지인 것이다.

　쑥스러운 이야기지만 스포츠 마케팅 업계에서는 내 기획력에 찬사를 보내주는 일도 많았다.

나는 항상 선수와 구단과 기업을 하나의 팀처럼 생각하며 아이템을 구상하고, 더불어 이 스포츠 산업이 더 잘 되려면 무엇이 필요할까를 진지하게 생각한다.

"스포츠를 다루는 이 모든 이들에게 도움이 되는 방법이 있을까?"라는 생각을 늘 한다.

마케팅 기획 하나에 관여하는 이해관계자는 여럿이다. 선수의 이미지에 도움이 되는 사람, 기업의 홍보에 도움이 되는 사람, 스포츠 산업 저변 확대에 기여가 되는 사람.

1995년 유소년 축구교실 열었던 일이 있다. 단지 그 아이들에게 운동을 가르치기만 했다면 동네마다 있는 여느 스포츠교실과 다를 바가 없었을 것이다. 나는 유소년들이 경기에 임하면서 스포츠에 열광하고, 그들을 열띠게 응원하는 부모를 보면서 결국 스포츠가 어떠한 시스템을 거쳐 최종 소비자에게 도달하는지 목격했다. 이를 통해 아이들을 걸어다니는 홍보 매체이자 최종소비자로 인식했다. 아이들은 스포츠를 통해 선의의 경쟁을 배우고 스포츠 정신을 기를 것이다. 또한 스포츠교실은 아이들에게는 학원 이외의 사회생활을 도모할 수 있는 하나의 장이 된다. 자신의 역량 평가하는 지표가 될 것이고 재능 있는 아이에게는 자신의 가능성을 시험하는 기회가 된다. 대놓고 광고하지 않아도 그 종목에 대한 애정과 충성도가 자연히 심어지는 것이다.

스포츠 마케팅이라고 해서 선수를 대대적으로 내세워야 하는 것은 아니다. 스포츠 산업 자체에 생각을 몰두하고, 시야를 넓히면 반드시 한 가지가 보인다.

물론, 그에 대해 "될까? 이건 괜찮은 기획일까?" 하는 불안이 저변에 깔릴 수 있다. 그러나 기획은 실행하지 않으면 없는 것과 마찬가지다.

모른다면 주변 관계자들과 나의 아이디어를 즐겁게 공유하며 의견을 물어보고 통계적 조사로 확신을 더한다. 이야기를 꺼내다 보면, 거기에 호응하는 사람들도 생기고 내 기획에 확신도 생긴다. 그러다 보면 나 스스로도 신이 나서 더 하게 된다.

이렇게 내가 생각한 기획이 성공할 것인지 아닌지에 대한 확신도 갖게 된다. 내 아이디어가 통할지 안 통할지는 해봐야 아는 것.

마케터는 무엇보다 행동력이 좋아야 한다. 행동하지 않은 기획은 아무것도 아니다. 될지 안 될지 걱정하지 말고, 우선 해보자. 성공한 경험은 자신감이 되고, 실패는 자산이 된다. 무엇이든 쌓아야 한다.

내려놓아라, 먼저 주어라, 그러면 얻을 것이다

 늘 강조하는 것이 있다. 스포츠 마케팅은 사람의 일이라는 것. 그리고 모르는 것은 부딪혀가며 익혀야 한다는 것.
 스포츠 마케팅 업무는 다양한 활동을 한다. 후원사 및 협찬사를 찾아가거나 언론사의 협조를 구하거나 혹은 협회, 구단, 선수를 만나 정보를 수집해야 하다 보니 주변에 아쉬운 소리를 하는 게 일상이다. 생각해보자. 아쉬운 소리라는 건, 이쪽에게는 득이 되고, 저쪽은 득이 되지 않을 법한 이야기를 꺼낼 때 쓰는 말이 아닌가. 나는 얻으려고만 하는 사람도 아니거니와 모두가 잘되는 길을 늘 고심한다. 그러니 '아쉬운 소리'라고 생각하며 제안하거나 기획한 일이 그

다지 없다. 나는 얻기만 하려는 계산적인 마음으로는 이뤄질 수 없는 것이 스포츠 마케팅 분야라고 생각한다. 스포츠 마케터는 윈윈(Win-Win)하는 방법을 모색해야 한다.

스포츠 마케팅이라는 일을 직접 몸으로 부딪쳐 뛰어드는 동안 진정한 마케터가 되는 길에 대해 고심하기 시작했다. 진정한 마케터란 음악의 세심한 감성과 스포츠 페어플레이의 굳건한 정신을 모두 가져야 한다고 믿는다.

감성이란 공감하는 마음이고, 사람에게 감동을 주는 결을 아는 것이다. 페어플레이 정신이란 요령으로 그 순간만 넘기지 않고, 고비를 정면 돌파하는 정신이다. 그리고 나만 잘되면 된다는 마음이 아니라 나를 포함한 선수, 구단, 언론사 등 여기에 얽혀 있는 모두가 잘되길 바라며 움직이는 태도다.

겸손한 솔직함도 중요하다. 모르는 것이 있다면, 부끄러워하지 말고 정직하게 인정한다. 나는 모든 분야의 전문가가 될 수 없다. 잘 아는 사람에게 "내가 이런 것을 계획하고 있으니 도움이 필요하다." 하며 설득하는 자세가 필요하다. 나와 상대를 엮어 1+1에서 그치는 것이 아니라 1+1은 3이 되도록 하는 기개도 필요하다. 그러려면 몸과 마음을 맑게 하고, 사적인 욕심을 낮추는 겸손한 자세가 있어야 한다.

국회 보좌관 시절 나를 파트너 이상으로 예우해준 박준선 전 국회의원께서 평소 나에게 말씀하신 '삼독심(三毒心)'이 있다. 불교의 삼독심은 탐욕, 성냄, 어리석음을 세 가지 독으로 여긴다. 욕심을 드러내면, 사람이란 어찌 보면 빤한 존재라서 상대방이 봤을 때 그 속내가 다 드러나 보인다. 내가 아무리 교묘하게 감추려고 한다고 해도 말이다. 그런 의미에서 내가 많은 기획에서 성과를 보이고, 도움을 받을 수 있었던 것은 나만을 위하려 하는 욕심이 없었기 때문은 아닐까 생각한다. 나 홀로 성공하고 싶은 생각을 가져본 적이 없기 때문이다. 내가 함께하고 싶은 사람들과 좋은 인연을 맺어 함께 성공하고 싶다. 아무리 생각해도 그만큼 내게 행복한 일은 없는 것 같다. 좋은 사람을 만나면 동지로 만들어 팀을 이루어 일하고 싶고, 크게는 역사를 바꾸고 싶은 부푼 희망까지 생긴다.

그런데 하다 보면 나를 드러내고 내보이고 싶은 마음이 생길 텐데, 이런 욕심을 내려놓는 마음은 어떻게 다스려야 하는 것일까? 스스로 원칙을 만들고 길을 개척해서 성공을 이루는 사람도 있지만, 성공한 이들에게 명언처럼 따라붙는 말이 있다. 내가 하고 싶은 것, 원하는 것, 이루려는 것에 열성을 다해 하다 보면 성공이란 저절로 따라온다는 것이다.

사적인 욕심을 줄이려면 여유를 가지는 연습을 해야 한다. 바로 마음의 여유다. 이러한 여유를 만드는 데 가장 좋은 방법은 더 큰 시야를 갖고 자기 분야에 에너지를 쏟아붓는 사람에게 감화받는 것이다. 그러니 결국 어떤 일을 하든, 무엇을 준비하든 스포츠 마케팅은 사람의 일이라는 깨달음을 얻는다. 당장 눈에 보이는 결과가 없더라도 사람에게 쓰는 마음은 언젠가 내게 좋은 것으로 돌아온다는 것을 알아주었으면 한다.

갈 길이 멀어 아득해 보이는 이들에게 이 말이 먼 길을 가는 이정표가 되기를 바라는 마음이다.

테이커가 되기보다
기버가 되는 일

첫 책을 발간하며, 출판기념회를 열었다. 벌써 10년 전의 일이다. 스포츠 마케터라는 직업이 생소했던 시절이었고, 바야흐로 2002한 일월드컵을 기점으로 스포츠 산업의 양상이 바뀌기 시작한 때였다. 당시 나의 목표는 두 가지였다.

첫째는, 스포츠 마케터를 꿈꾸는 이들을 위한 교육의 장을 마련하는 것이었다. 단순히 스포츠 마케터란 직업이 있습니다, 하고 알려주는 데서 그치는 것이 아니라 실제로 스포츠 마케터가 되려면 어떤 소양을 갖춰야 하는지, 어떤 길이 있는지 구체적으로 알려주는 것도 포함이었다. 더불어 직업으로서만 대하지 않고 꿈을 펼칠 수 있는 장이 될 수 있도록 동기부여 해주는 것도 목표였다.

둘째는, 보다 안정된 환경에서 능력을 펼칠 수 있도록 스포츠 마케터 분야의 길을 닦는 것이었다. 어떤 분야든 시스템이 뒷받침되는 것이 중요하지만, 선험자들의 노하우 전수야말로 발전의 초석이 된다. 다변화하는 스포츠 업계의 동향을 파악하고 대처하는 데는 오랜 기간 한 분야에 종사한 사람의 노하우와 경험만 한 것이 없다. 말이나 글로 정리되지 않은, 경험으로 녹아든 나만의 암묵지를 산업 안에 풀어내면 후배들이 내가 겪었던 동일한 시행착오를 덜 겪고 자신의 뜻을 펼칠 수 있을 것이라는 생각에서였다.

강산이 한 번은 바뀐다는 세월이 지났고, 그간 스포츠 산업은 얼마나 성장했는가, 스포츠 마케팅은 얼마나 자리를 잡았는가, 입지는 좋아졌는가 돌아본다.

우리나라 스포츠 역사는 2002한일월드컵 전과 후로 나뉜다고 해도 과언이 아니다. 86아시안게임과 88서울올림픽이 스포츠의 도입기였다면, 2002한일월드컵은 스포츠 문화의 최고 부흥기였다. 그때만큼 온 국민이 한 경기에 한 경기에 몰입한 적이 있었던가. 이후 스포츠 마케팅, 에이전시라는 개념은 이후 김연아 선수의 행보가 자주 기사화되면서 대중에게 확실하게 스포츠의 일부로 각인되었다.

사회가 변함에 따라 삶을 대하는 태도도 그에 따라 변했고, 그에 발맞춰 스포츠를 바라보는 태도도 성숙하게 달라져갔다. 메가스포츠 이벤트를 개최할 때마다 우리나라 스포츠 산업은 규모를 키워왔고, 지속적인 발전이 있었다. 마케터 혼자 선수의 일거수일투족을 일일이 챙기던 시절에서 벗어나 이제는 스포츠가 다양한 분야와 접목되고 협업하면서 에이전시와 에이전트의 역할이 활성화되었다.

이를 계기로 스포츠 마케터라는 직업 자체가 생소한 현실에서, 스포츠 스타들을 관리하고 어려움을 해결하는 일에서 그치지 않고 활동 범위를 넓혀 행정, 경제, 문화, 경영 등 다양한 분야에서 활약하며 스포츠가 사회에 의미 있게 뿌리 내리는 작업을 하는 전문가로 발전하였다. 이는 스포츠 스타의 이모저모를 돕는 직업이라는 인식에서 한 단계 더 나아가 사회에 긍정적인 영향을 끼치는 직업으로서의 자부심도 심어준다.

살아가는 데 있어 좋은 멘토를 만날 수 있다는 것은 복이다. 멘토의 행보, 마인드, 태도는 내가 앞으로 어떤 모습으로 성장해나가야 할지 이정표가 되어주기 때문이다. 멘토 자체가 없을 때는 많은 것들을 나 스스로 시험하고 맛보고 깨닫고 다시 바람직한 궤도로 찾아가느라 돌아가기도 한다. 물론 그 모든 것들이 경험이 되고, 그만큼 경력의 자산이 되기도 하지만, 가야 할 방향과 되어야 할 모습이 명확하다면 길을 헤매는 고생을 덜할 것이다.

나 스스로도 훌륭한 스승님들, 영향력 있는 멘토들의 조언에 깨달음을 얻기도 하고, 그 열정에 감화되어 좌절이 될 때 다시 일어설 힘을 얻기도 했다.

이제는 스포츠 마케터를 꿈꾸는 이들이 나를 멘토로 삼고 조언을 구하러 오기도 한다. 그간 스포츠 마케터로 살아온 길이 잘못되지 않았음에 뿌듯함을 느끼면서도 나를 바라보는 이들이 있다는 사실에 책임감을 무겁게 느끼기도 한다.

내게 지금은 이제까지 이뤄온 것을 되돌아봄과 동시에 앞으로의 내 역할은 어떤 것이 되어야 할까를 고민하는 시기일 듯하다.

지금까지의 길이 스포츠 마케팅 분야의 거름이 되고, 개척하는 길이었다면 앞으로는 스포츠 마케팅과 산업 자체의 파이가 커질 수 있는 부분을 좀 더 고민하고 싶다.

꿈을 꾸는 지금이야말로
무엇이든 시도할 수 있다

"저처럼 스포츠 쪽에 인맥 없는 사람도 스포츠 마케터가 될 수 있을까요?"

스포츠 마케터는 스포츠 팀, 선수, 이벤트, 제품 또는 서비스의 판매와 인지도 증진을 위해 마케팅 전략을 수립하고 실행하는 직업이다.

선수들이 고객일 경우에는 긴밀한 소통과 담대한 협상을 통하여 가치를 높이고 선수의 능력과 이미지를 관리한다. 또한 스포츠 경기 외에 다채로운 이벤트를 진행하며 선수에게 적합한 제품 및 서비스 판매를 촉진하기 위해 철저한 전략을 수립하고 실행한다. 즉 스포츠 시장의 흐름과 트렌드를 빠르게 파악하고 대응해야 하며 기획, 전략 수립 및 실행 과정에서 보다 디테일한 전문성을 요구하는 레벨 높은 직업이다.

스포츠 분야의 경험이 부족한 상황에서 단순한 열의와 빈곤한 인맥을 가지고 스포츠 마케터로서의 임무를 제대로 수행할 수 있을지에 대해 고민을 토로하는 제자들이 많다.

나는 "나보다 네가 훨씬 좋은 조건에 놓여 있다."고 답해주었다. 사회생활의 입구에서 서성이는 이들에게 학생 때 더 해보라고 권하고 싶다. 이미 업에 발을 들인 이라면 이미 쌓아가고 있는 경력이 있거나 계속 자신의 가치와 성과를 증명해야 하는 부담이 있다. 오히려 실패에 대한 두려움이 더 큰 것이다. 실패가 자신의 평판으로 고착될 수도 있는 것이고, 이 실패를 발판 삼아 다음으로 나아가려 해도, 이번에는 반드시 성공하여 실적을 보여야 한다는 압박감은 생업에 종사하는 이라면 누구라도 지닐 두려움이다.

그러나 대학생은 다르다. 실수가 용인된다. 물론 실수와 실패를 권하는 것은 아니다. 하지만 학생은 잃을 것이 없지 않은가. 학생 때 했던 일 중 자랑이 될 만한 것은 내세우고, 실패했던 일은 경험으로 둬도 괜찮을 때라는 걸 말하고 싶은 것이다. 안 될 것이 없으며 두려움을 가질 필요가 없는 신분이다. 나를 어떻게 생각할까 두려워하지 말기를 바란다.

이제 막 시작하는 친구들 입장에서 보면 내가 비즈니스 활동도 활발하고, 성취한 것들이 있으니 비즈니스를 통해 형성한 인맥이 많을 거라고 생각하지만, 내 인맥은 초등학교부터 대학교, 대학원까지의 동창, 선배, 후배가 대부분이다.

한때 대학 시절 최고의 인기를 누리던 배구선수가 있었다. 현재 모 대학교의 감독직을 맡고 있는 그는, 당시 그 인기가 국내를 넘어 해외까지 넘나들었다. 어느 날 그를 만나러 일본에서 팬이 찾아온 적이 있었다. 선수와 만나게 해주고 싶었지만, 당시 나는 일본어를 할 줄 몰랐고 어떻게든 해야 한다고 생각하던 찰나 동아리 방에서 일어일문학과 친구를 만났다. 나는 그 친구에게 대뜸 시간 있느냐 물었고, 자초지종을 설명하며 통역을 부탁했다. 덕분에 선수와 일본 팬의 만남은 자연스럽게 잘 이루어졌.

내게 학교의 울타리란 안 되는 것이 없는 곳이었다. 불우이웃돕기 행사로 공연을 하려 하는데 기타리스트가 없다면 기꺼이 다른 학과든 다른 학교든 기타리스트를 찾아갔고, 경제학 분야의 전문지식이 필요하다면 경제학과 교수님을 찾아가 도움을 청하기도 했다. 학교야말로 무궁무진한 창조를 일으킬 수 있는 자양분이 가득한 곳이라는 것을 깨달아야 한다.

성취를 이룬 후든 이루기 전에든 내가 할 수 없는 일이라면 주저하지 말고 도움을 줄 수 있는 이에게 손을 내밀자 학생 때 내가 터득한 한 가지 깨달음이다. 나는 이 세상이 흔히 말하는 일류대 출신이 아닌 후기 대학 출신인 비주류에 속하는 사람이다. 학교의 이름값과 상관없이 나는 대학교에서 내 꿈을 실현하는 길 중 하나를 배운 것이다. 이것이 바로 내가 유독 인적자산의 중요성을 강조하는 이유다. 내가 못하는 것은 그것을 잘하는 사람을 통해 실현하면 된다. 그것은 부끄러운 것도 아니며 두려워할 것도 아니다.

앞으로 더 잘할 수 있는 열정이 있지만, 지금은 인맥도 업적도 그 무엇도 없다, 그래서 내가 이 분야에서 잘 해낼 수 있을지 걱정이다, 이런 생각이 드는가?

지금의 자리야말로 내가 무엇이든 해볼 수 있는 위치임에 자신감을 가져라. 지금 내가 속한 곳이야말로 가장 다양한 분야의 재능을 지닌 이들이 모인 곳임을 인지하라. 당신 스스로는 아무것도 없다 생각되겠지만, 실상은 무엇이든 가능한 사람이다.

마케팅하기 좋은
SNS 시대

　배우들이 연기에 몰입하는 것은 그간의 경험과 시행착오, 또한 학습이라는 것이 있었기 때문이 아닐까? 그런 것들이 쌓이고 쌓여 결실을 맺는 게 아닐지 생각해본다. 스포츠 또한 이와 크게 다르지 않다. 스포츠야말로 많은 사람과 공감하고 소통할 수 있는 것이다. 그래서 스포츠라는 세 글자만 생각해도 열정이 타오르고 가슴 속이 뜨끈해지며 벅차오르기도 한다.

　하지만 아무리 좋은 상품, 그리고 협회를 만들고 후원을 하고 멋진 이벤트를 선보인다고 한들 관중이나 시청자가 없다면 스포츠는 무용지물에 불과하다. 스포츠 마케팅에는 여섯 가지의 P가 필요하다. 계획(Planning), 상품(Product), 유통(Place), 가격(Price), 홍보(Promotion), 인식(Perception)이 그것이다.

그중에서도 플래닝 단계는 아주 중요한 부분이다. 좋은 기획을 한다고 해도 매스미디어의 관심 없이 만들어진 기획이라면 성공할 리가 없다. 우리는 지금 실시간으로 현장의 모습을 그대로 보고 들을 수 있는 시대에 살고 있다. 매스미디어란 현시대에 없어서는 안 될, 상상할 수 없을 정도의 큰 역할을 하고 있다. 매스미디어가 차단된다면 어떤 혼란이 야기될지 알 수 없을 만큼 대단한 영향력을 행사하고 있다. 그런 매스미디어를 무시하는 것은 눈 가리고 아웅 하는 것이나 마찬가지다.

그런 관점에서 아마추어나 비인기 종목 또한 제대로 된 마케팅 툴을 갖추어 기획하고 십분 활용한다면 기업으로부터 관심을 이끌어낼 수 있을 것으로 판단한다. 나는 이런 시대의 트렌드의 흐름을 읽어내고 꽤 오래전부터 블로그, 페이스북, 카카오스토리 등의 SNS를 시작했고 다각적으로 활용하고 있다. 온라인상이라지만 나는 이 무형의 공간에 적힌 글을 읽고 깨닫고 느끼며 많은 사람과 소통하고 있다.

내게는 특강 요청이 오는 경우가 많다. 그런 요청은 80퍼센트가 이런 SNS로 이루어진 인맥이다. 그럴 때마다 SNS가 사람과 사람을 연결하고 끊임없는 소통을 통해 거대한 인적 네트워크를 형성하는

구나, 라고 다시 한 번 깨닫게 된다. SNS를 통해 글을 쓸 때는 모르는 사람에게 내가 하는 일 등과 스포츠에 대한 정보를 일방적으로 알리고자 하는 방법이 아닌 쌍방향 커뮤니케이션을 넘어서 소통의 수단으로 인지하고 글을 쓰고 있다.

업무를 할 때에도 업무보고나 결정 사항 등은 전체 채팅방을 이용한다. 전사적 기업관리를 위해서는 자신이 하고 있는 업무에만 몰두할 것이 아니라 다른 직원들의 일도 파악하고 있어야 시너지 효과를 낼 수 있다고 생각하기 때문이다.

무엇이 됐든
흥미가 돋아야 한다

　어렸을 때부터 자신의 흥미와 재능을 발견할 수 있다면 그것만큼 축복인 일도 없을 것이다. 나는 배구 선수 출신이었던 아버지를 따라다니며 배구, 프로레슬링, 복싱, 야구, 축구 등 경기를 관람하며 자연스레 다양한 스포츠를 경험하였고, 태권도 수영 스키 스케이트 등 다양한 종목을 배울 수 있는 풍족한 어린 시절을 보냈다. 지나고 보니 이러한 환경이 일찍이 내가 좋아하고 즐거워하는 것을 스스로 찾아낼 수 있었던 계기였던 것 같다.
　그야말로 내가 원하는 것은 모두 이루어지는 세상이었다.
　스포츠 외에도 어린 나이에 하고 싶은 것 배우고 싶은 것은 또 어찌나 많았던지 친한 친구가 무언가 배운다 하면 곧잘 따라나서곤 했다. 당시 친구 중 한 명이 웅변을 배우는 중이었다. 사람들 앞에 서서 큰 소리로 이야기하는 웅변이 그렇게 멋있어 보일 수가 없었다. 그 길로 부모님 허락을 건너뛰고 웅변학원에 등록하고 학원비를 내달라고 요청할 정도로 내가 좋아하고 해보고 싶은 것에 직진했으니 어린 나이에도 대범한 모습이긴 했다.

한번은 그림을 그리고 싶어 스스로 미술학원에 찾아가 배우기도 했으니, 좋아하는 것도 많고 하고 싶은 것도 많은 어린 시절이었다.

이처럼 내가 무엇에 끌리는지 아는 것은 중요하다. 이것이 바로 열정의 근간이 되기 때문이다. 공자 님의 유명한 말이 있다. "지지자불여호지자(知之者不如好之者) 호지자불여락지자(好之者不如樂之者)." 아는 자는 좋아하는 자만 못하고, 좋아하는 자는 즐기는 자만 못하다는 말이다(논어 옹야 편).

흥미를 불태울 수 있다는 것은 내가 즐거워하는 일을 안다는 것이고, 즐길 줄 안다면 목표가 분명해지고 그 목표를 이루기 위한 일을 절로 찾아 하게 된다. 물론 그 과정 또한 설레는 일이다.

나는 아이디어를 떠올리고, 그것을 현실화시키는 과정이 설레고 즐겁다. 학생 시절 세차장에서 몸이 부서져라 일할 때도, 어떻게 하면 손님이 안 오는 날에도 오게 할까 고민하고, 일을 만들고 회원을 늘릴 수 있을까 연구하고, 그렇게 생각한 것을 실행하는 것이 즐거왔다. 유소년 축구단과 기업을 연계해 홍보를 기획한 일도 그 후에 올 효과를 기대하고 설레는 마음으로 진행했던 기억이 난다.

모든 일이 처음에 생각하고 계획한 대로 진행되진 않았다. 예정됐던 약속이 날짜대로 지켜지지 않기도 했고, 날씨가 도와주지 않았던 적도 있었다. 고비를 맞으면 앞이 막막하고 큰일났다는 생각에 절망할 때도 있었지만, 내가 기획한 이벤트를 통해 새로운 커리어를 쌓을 선수들, 그로 인해 효과를 볼 기업, 또 결과적으로 기억에 남을 추억을 남기고 스포츠에 대한 좋은 인식을 안고 갈 팬들을 생각하면 좌절할 시간도 없었다.

흥미는 내가 생각한 첫 아이디어를 마지막까지 끌고 갈 수 있는 원동력이 되는 것이다. 좋아하고 즐기는 마음이 떨어지는 순간도 있으리라 생각한다. 사람의 마음은 상황이나 환경에 영향을 받게 마련이고, 초심이란 걸 끝까지 유지하는 사람은 생각보다 많지 않기 때문이다.

그러니 무기력함을 대비하여 좋아하는 다양한 것들을 주변에 두고, 스스로를 담금질하는 것도 잊지 않기를 바란다.

플랜A가 무너지면 플랜B,
이것도 안 되면 플랜C

올림픽 종목은 시대가 변함에 따라 새로 생기기도, 없어지기도 한다. 그중 하나가 3 대 3 농구다. 2020년 하계 올림픽에 3대 3 농구 종목이 신설되었다. 3 대 3 농구는 하프 코트에 골대 하나만 두고 치르는 경기로, 길거리 농구라고도 하는 경기다.

나는 이 소식을 듣고 아이디어 하나가 번뜩 떠올랐다. 농구 대회를 열자. 제주도에서 그 자연 풍광을 배경으로 농구 대회를 하면 얼마나 멋있겠는가. 무작정 제주도로 정한 것은 아니다. 3이라는 숫자에 주목했다. "제주도 하면 삼다도지. 아, 이 3자를 연관시켜서 기가 막힌 일을 펼쳐봐야겠다." 이 기획안을 들고 바로 당시 제주특별

자치도를 방문하고 원희룡 도지사 님을 찾아갔다. 아이디어가 생기고 바로 행동에 옮기니 강한 물줄기를 만난 물고기떼처럼 일이 빠르게 진행되었다. 순풍에 돛 달았다는 표현이 무색하지 않을 정도였다.

길거리 농구가 올림픽 종목으로 채택이 된 데서부터 제주도에서 이벤트를 진행해야 하는 이유까지 많은 얘기를 나눴더니, 삼다수는 제주개발공사에서 하는 음료인데 그쪽과 같이 연계해 한번 좋은 기획안을 만들어보는 것도 좋겠다고 했다. 아이디어가 점점 현실성을 띠어갔다. 제주도 농구협회 관계자들을 만나고 탑동 바닷가에서 3 대 3 길거리 농구대회를 하자는 것까지 일사천리.

일이 진행되는 과정이라는 게 대단한 무언가가 있는 것은 아니다. 바로 이런 모습이다. 아이디어가 떠오르고, 거기에 확신을 갖고 시발점이 될 만한 관계자를 만나고 거기서 또 아이디어가 구체화되고 실무적인 부분을 진행하고 확장된 부분의 또 다른 관계자를 만나고. 아이디어를 실행한다는 것에 막막함을 느끼고 어려워하는 사람들이 종종 있는데, 생각이 나면 바로 행동하고 어떤 형태로든 결과를 내면 된다. 모든 것은 경험이 되고, 앞으로 자기 자신이 뭔가를 해나가는 데에 단단한 토대가 된다.

이 3 대 3 농구대회 역시 내게 잊지 못할 경험을 선사하고 커리어의 토대가 된 이벤트인 셈인데, 여기까지는 좋았다. 대회 세팅을 다 해놓은 마당에 문제가 터지기 시작한 것이다.

경기가 예정된 시기는 10월이었다. 바로 태풍의 계절 아닌가. 바닷가 앞 코트에서 멋지게 3 대 3 농구대회를 개최하려고 했는데, 경기 전날까지 방파제 너머로 파도가 부서지고, 그 파도가 코트까지 넘어오는 걸 보고는 '이거 일 났다, 어떻게 하나, 여기서 대회가 가능할까, 안 되면 어떻게 하나.' 온갖 생각이 떠올라 순간 머리가 빠르게 돌아갔다. 되는 대로 직원들과 물바다가 된 코트를 정비했다. 정말 말이 안 되는 처리였다. 그걸 다 사람 손으로 하다니. 코트에 비닐을 씌운다고는 하나 바람이 또 거세니 되지 않았다. 또 모든 것을 적은 인력으로 치울 수도 없는 노릇이고, 치운다고 해도 경기를 치르기에 너무나도 환경이 부족했다. 더욱이 막상 경기 당일에 코트가 다시 물바다가 되어 버리기라도 한다면 이도 저도 안 되는 최악의 상황이 될 게 뻔했다. 이걸 어떻게 처리해야 하나 관계자들과 머리를 맞댔는데, 1안은 우선 내일 날씨를 최대한 믿어보고 우선 기다리자는 것이었다. 답이 없어 보이는, 대책이랄 것도 없는 것이었지만 우선 대회의 취지가 제주도 바다를 배경으로 멋들어진 경기를 한번 주최해보자는 것이었고, 가급적 그 아이디어가 실현될 수 있는 만큼은 밀어붙이고 싶었던 마음이었다.

할 수 있는
최선을 다했는가?

 이 정도까지 했으면 이 코트에서 내 할 도리는 다 했다고 생각했다. 다른 것도 아닌 날씨다. 천기는 내가 어찌할 수 없는 것이었다. 그러니 정말 이 코트에서 안 될 경우도 대비를 해야 했다. 비행기를 타고 전국에서 이 경기를 하자고 많은 사람이 제주도로 모일 것인데, 날씨가 이러하여 원래 경기를 치르기로 한 야외는 안 되겠습니다, 하고 돌려보낼 수는 없는 노릇이었다.
 그래서 고안한 2안은 실내 코트장이었다. 업체들과 빨리 협의해서 선수들을 이동시킬 버스를 대절하고, 두세 군데의 실내 코트장을 서둘러 빌려서 예선전을 치룬 곳에서 결승전까지 하는 안이었다. 정말 긴박했다. 태풍 소식을 듣고 예정되지 않은 장소를 섭외하는 건 해본 사람이면 알겠지만, 쉬운 것이 아니다. 보통 마땅한 장소는 이미 예정되어 있는 일정 때문에 한 번에 섭외가 되지 않는다. 그러니 여기저기 전화를 돌리고 몸으로 뛰고 발 동동거리며 겨우 플랜B까지 마련해놓은 것이다.

야외에서 하는 3대 3 농구대회가 의미가 있겠다 싶었고 원안대로 갈 수만 있었다면 좋았겠지만, 실내에서 결승전을 한 것만 해도 대성공이었다.

이 기획은 스포츠 이벤트 그 자체를 보여준다. 스포츠가 그렇듯이 스포츠 이벤트 또한 돌발성을 동반한다. 그러니까 변수가 늘 존재하고 우리는 그 변수를 어떻게든 이겨내거나 아니면 이를 안고 헤쳐갈 다른 방안을 찾을 수밖에 없다.

사는 것이 그렇다. 우리의 삶도 내가 생각한 대로 이뤄진 적이 없다. 어떻게 보면 마음먹은 대로 된 적이 없다. 된다 싶으면 이상한 일이 생겨나기 시작하고 그러다 또 길이 막히기도 하고 그렇다. 그때는 어떻게 하느냐. 항상 원래 잡고 있는 방향을 붙들고 목표로 정한 바에 최선을 다하면서 1안이 안 되면, 2안으로, 2안이 안 되면 3안으로 또 그게 안 되면 그때 또 할 수 있는 것을 하는 식으로 해보는 것이다. 말하자면, 끝까지 움켜쥐고 마지막까지 해내는 것이다.

지금은 말 몇 마디 글 몇 줄로 쉽게 하는 말 같지만 당시에는 막

막했고, 고군분투했고, 절박했다. "이걸 끝까지 해내려면 어떻게 해야 하지? 이걸 어떻게 해결하지?" 하고 강한 마음으로 붙잡고 다시 한 번 도전한다. 나는 한 번 더의 마음을 강조한다. '이 정도까지 했으면 충분했던 거 아닌가?'라는 생각을 하면서 그 시점에는 이것이 가장 최선인 것 같고 나의 최대치를 다했다 생각되겠지만, 거기서 멈춰버리면 내 한계는 거기까지가 된다.

한계를 넘는다는 것은 새로운 영역을 발견하고 시야가 넓어진다는 뜻이다. 넓어진 시야는 내게 새로운 자기 확신과 자신감을 심어준다. 누구도 대신해주지 못할 값진 경험을 선사하는 건 말할 필요도 없다.

지금 하고자 하는 바가 있는데 잘 되지 않는가, 할 수 있을 것 같았는데 자꾸 눈앞에서 실패하는 것 같은 기분인가? 내 인생에는 지금 이 책을 읽고 있을 독자와 다르지 않게 끊임없는 시도를 한 흔적들이 산재해 있다. 때로는 실수였고, 때로는 실패였으며 어떤 것은 전화위복이 되기도 하고 어떤 것은 값진 경험이 되었다.

그렇기에 거듭된 실패와 역경속에서 포기하지 않고 그것들을 극복해나가는 과정과 경험을 통해 무너지지 않고 끝까지 버틸 수 있었던 것 같다. 지금 되돌아보면 나 자신에게 다양한 경험을 선물했다고 여긴다. 그 경험 속에서 나의 능력을 발견하고, 한계를 뛰어넘고, 시야를 넓혀왔다. 이 경험은 여전히 현재 진행 중이다. 오늘도 나는 내게 잠재한 또 다른 가치와 능력을 찾기 위해 도전하고 사람을 만나고 새로운 경험을 겪는다.

스포츠 선수들의
꿈과 비전을 공유하라

있는 시스템을 그대로 답습하면 다른 사람들과 같은 자리에서 제자리걸음을 할 수밖에 없다. 물론 남들만큼 하는 것도 대단한 일이다. 하지만 "어떻게 하면 이룰 수 있을까?" 이 생각을 계속 갖고 있다 보면 남들과 달리 조금은 다른 차별화된 기획과 거침없는 행동이 나오게 마련이다.

서강대학교 경영학 석사를 마치고 2000년 스포츠 마케팅 회사를 세웠다. 당시만 해도 우리나라는 스포츠 마케팅에 대한 개념이 전무했지만, 스포츠에 대한 열정에 제도적인 활성화가 필요하다는 결심이 더해진 일이었고, 스포츠 마케팅의 불모지인 우리나라에 새로운 바람을 불어오게 하고 말 것이라는 굳은 확신이 있었다.

가장 먼저 눈에 띈 것은 배구였다. 앞서 잠깐 언급했듯이 배구선수였던 아버지의 영향으로, 또 어릴 때 배구를 했던 경험으로 배구에 친숙하기도 했고, 관심이 많았다. "야구나 축구는 프로화되어 있었지만 왜 배구는 프로화가 되지 못하고 있는 것일까?" 당시 머릿속을 차지하고 있던 질문은 배구의 프로화였다. 배구 프로화는 대한배구협회의 과제이기도 했지만 프로화 추진 중 실패 사례도 있었던 터라 무척 조심스러운 일이었다.

나는 바로 배구 프로화에 뛰어들었다. 협회를 찾아가 무상으로 일할 테니 도와주고 봐달라고 했다. 설득이었는지 떼를 쓴 것인지 둘 다였는지 그길로 협회 안 창고에 들어가 청소를 하고 책상을 놓고 배구를 프로화로 끌어올리는 일을 시작했다.

지금 보면 내가 하는 일이 누군가의 눈에는 어리석게 느껴지고 좋아 보이진 않았을 것이다. 그러나, 희생이랄 것도 없지만, 누군가의 희생, 열정, 대가를 바라지 않는 실천 없이는 쌓을 수 없는 것이 있다. 분명 우리나라 스포츠 마케팅의 기반에는 나 말고도 이런 열정을 불태워 길을 닦아온 이들이 있을 터.

프로화가 논의되고는 있지만 구단마다 스폰서십에 대한 이해가 부족했던 시절, 이때까지만 해도 배구 구단들이 경기를 통한 수익이 아닌 광고나 다른 활동을 통해 수익을 창출한다는 것은 매우 어려운 실정이었다. 나는 오랜 시간 동안 선수들과 생활하면서 진정 그들이 필요한 것이 무엇인지에 대해 고민했다. 운동에만 집중해야 할 선수들이 연봉협상부터 구단을 이적하는 일, 광고 체결, 스케줄 관리 등을 하는 데는 한계가 있었다. 그리고 평생 운동만 하며 살아가는 그들에게 은퇴 후 인생에 현명한 길잡이 역할을 해줄 누군가가 필요하다는 결론에 도달했다. 선수들의 꿈과 비전을 공유하고 그들의 삶을 체계적으로 관리할 수 있는 셀파 역할이 되어줄 스포츠 마케터가 필요하다는 것을 깨달았다. 그래서 나는 노력 끝에 미녀군단이었던 흥국생명 핑크스파이더스 배구단과 아레나의 스폰서십 대행 계약을 체결해주었다. 그 결과 아레나는 흥국생명 핑크스파이더스 배구단에 스포츠용품 2억 원을 후원하는 계약을 체결했다.

이 경험은 나와 스포츠의 연관관계, 즉 에이전시 창업의 소중한 자양분이 된 것이다. 내가 선수들과 웃고 울며 함께 생활했던 시간은 선수 자신의 모든 것을 믿고 맡기는 마케터가 되는 길에 바탕이었고 성장의 기폭제가 되어 주었다.

비인기종목?
No! 어느 순간 기회가 된다

　스포츠 마케터의 틈새 공략 같은 전략이 있다. 바로 비인기 종목이다. 사실 비인기 종목이라는 단어를 나는 좋아하지 않는다. 분명 많은 이들이 관심을 보이는 인기 종목과 비교적 관심에서 밀려난 비인기 종목이 있는 것은 사실이고, 이는 우리 스포츠 업계의 현실을 반영하는 말이기는 하지만, 전략종목이라는 명칭이 더 좋다. 올림픽이나 국제대회에서 메달 획득이 예상되는 종목을 전략종목이라고 하니 비인기 종목이 모두 국제대회에서 메달권에 들기를 바라는 마음에서다.

　국제대회에서 메달을 따고, 인기 선수를 확보하고 있고, 동호인 숫자는 많으나 국내대회가 열리면 관중이 없는 비인기 종목들이 많다.

비인기 종목은 스포츠 마케터와 선수들이 시너지 효과를 낼 수 있는 방법 중 하나다. 비인기 종목이지만 전략 종목으로는 양궁, 복싱, 펜싱, 태권도, 유도 등이 있다. 축구, 배구, 농구, 야구 등에는 많은 기업들이 스폰서십 프로그램이 도입되고 있는 데 반해 비인기 종목은 기업과 언론의 외면을 받고 있다. 이런 종목들 중에는 어떻게 보면 우리나라 국민들이 여가 선용을 위해 활용되는 면도 많다. 배드민턴을 떠올려보자. 우리나라 생활체육 동호인들이 가장 많은 종목 중 하나다. 하지만, 스폰서십 관점에서 보면 다른 인기 종목에 비해 그 관심이나 참여도가 많이 떨어지는 것은 사실이다.

스포츠 마케터가 이런 비인기 전략 종목들에 관심을 가지면 어떻게 될까. 이 종목들을 SWOT분석을 통한 전략을 세워 스폰서십을 이끌어내고 다양한 이벤트 프로그램과 SNS를 통한 공격적인 마케팅으로 스포츠 소비자들과 소통하여 국민이 참여하고 좋아하는 스포츠로 자리를 잡게 될 것이다.

오래전부터 나는 복싱, 유도, 탁구, 태권도, 체조 등에 관심을 갖고 지도자들을 만나고 국가대표 선수들에게 후원을 해왔다. 대한체육회에서 스포츠 마케팅 전략이 필요로 하는 단체를 지원하는 프로그램에 직접 참여하여 양궁, 배드민턴, 스쿼시 종목들에 스포츠 마케팅 컨설팅 작업들을 함께 했다. 이렇게 꾸준히 비인기 종목들에 관심을 갖고 크고 작은 마케팅을 추진하다가 올림픽 등 큰 대회에서 성과를 거두면 그때 이런 작업들에 쏟은 노력이 보상으로 돌아온다. 이런 관심은 협회나 선수들에게도 당연 보람이 되고 보상이 되지만, 스포츠 마케터에게도 뿌듯함이 된다.

비인기 전략 종목들은 스포츠 마케터의 '틈새 공략' 같은 종목이고 소중한 시장이다.

전략 종목들은 다른 종목보다 스포츠 마케팅이 더 절실하기에 스포츠 마케팅을 전공하는 학생들이 적극적으로 관심을 갖고 참여한다면, 스포츠 마케터로서의 자질도 함양하고 전략 종목의 스포츠 단체도 스포츠 마케팅 활동을 통해 큰 발전을 이룰 수 있을 것이다.

열악한 환경과 어려운 여건 속에 버텨나가는 스포츠 단체나 선수들의 손을 잡아보자.

스포츠 마케터는 스포츠 시장을 장기적으로 바라볼 필요도 있다. 비인기 종목들의 선수들이 후에 협회나 연맹에 입사해서 선수들을 관리하거나 구단을 관리하는 입장이 되기도 한다. 그렇다면 그들이 스포츠 마케터에게는 무엇보다 좋은 인연, 소중한 인맥이 된다.

내가 스포츠 마케터로서 축구, 배구, 농구, 야구만 들여다볼 게 아니라 비인기 종목들의 어려움을 이해하고 함께 스포츠 마케팅 전략을 세우고 서로의 성과를 가져올 때 더욱 값진 보람을 느꼈다.

비인기 종목에서 스타의 탄생은 종목을 알리고 이해시키기에 더

할 나위 없이 훌륭한 마케팅 툴이 될 수 있다. 비인기 전략 종목들이 시선을 주목하는 곳은 아시안게임, 세계선수권대회, 올림픽과 같은 빅 이벤트 대회가 개최되었을 때다.

생각해보라. 우리가 언제 높이뛰기 종목에 큰 관심을 보였던 적이 있었던가. 그런데 우상혁이라는 한 선수가 등장하면서, 높이뛰기 종목에 관심을 갖게 되었고 우상혁 선수와 경쟁하는 카타르의 '무타즈 에사 바르심'이라는 해외 선수도 알게 되었다.

김연아라는 걸출한 선수의 등장으로 피겨스케이팅에 관심을 갖고, 10대 초반부터 은퇴할 때까지 10여년을 경쟁했던 일본의 '아사다 마오'라는 라이벌 선수의 경기에도 집중하였다. 국민들은 김연아 선수가 출전하는 대회의 정보를 알고 TV 앞에 앉아 김연아 선수가 도전하는 다양하고 수준 높은 기술이 반드시 성공하기 위해 두 손을 모으고 기도한다.

2010년 밴쿠버 동계올림픽에서 혼을 빼놓는 경기력으로 228.56점이라는 세계신기록을 기록하며 김연아 선수는 마침내 '피겨 여왕'이 된다.

비인기 전략 종목에서 스타의 탄생으로 인해 협회나 단체는 스포츠 마케팅 활동을 다양하게 접근할 기회를 확보하기도 한다. 우리나라는 소수 엘리트를 독려해 성적을 내기에는 인구 구조 등 시대 상황이 너무 많이 바뀌었다. 따라서, 초특급 선수에 의존해 당장 성적만 내려는 전략보다는 시간이 소요되더라도 엘리트 스포츠를 발전시킬 유소년 선수를 기반으로 한 하부 구조를 탄탄히 다질 필요가 있다.

광고, 이벤트, 스폰서십 등 다양한 수입은 유망 선수를 발굴하고 지원하는 등 선순환 구조를 만들게 된다. 또한 종목의 활성화에 기여하고 생활체육 저변 확대를 위해 사용될 수도 있다. 스포츠 산업에 있어서 생산자 집단인 스포츠단체, 선수, 지도자는 스포츠 마케터의 손길이 닿으면서 그 폭이 굉장히 넓혀진다는 사실을 잊으면 안 된다. 스포츠 마케터는 스스로 기여할 수 있는 곳을 찾는 것도 시야를 넓히고, 경험을 키울 수 있는 좋은 방법이다.

스포츠에 나만의
비전이 있는가?

    스포츠 산업은 스포츠 용품업, 스포츠 서비스업, 스포츠 시설업으로 크게 나뉜다.

    우리나라 스포츠 산업 현황을 살펴보면, 2021년 기준 사업체 수는 11만 6,095개로 조사되어 전년 9만 7,668개 대비하여 18.9% 증가 했다. 스포츠 산업 분야의 종사자 수 역시 40만 6,000명으로 전년 37만 6,000명 대비 7.9% 증가 하였고, 또한 업계의 매출액은 63조 9000억 원으로 전년 52조 9000억 원 대비 20.1% 증가하였다(2022년, 문화체육관광부 2021년 기준 스포츠 산업 조사). 국가에서는 2027년까지 그 규모를 100조 원까지 늘릴 계획이라고 한다.

어느 누가 봤을 때는 그저 스포츠 산업일 뿐이겠지만, 국민들에게는 어려울 때 희망을 주고, 기쁨을 주고, 큰 힘이 되는 동력의 역할이 된다. 또 정치적으로 본다면 이 스포츠만큼 모든 분야와 접점을 갖고 있는 분야가 없다. 스포츠는 국민들을 공감대를 형성하고 국민적 통합을 이룰 수 있다.

스포츠는 다양한 분야와 협업을 통해 대한민국의 미래 먹거리를 만들 수 있다.

정치, 경제, 문화, 사회 모든 분야에 있어서 숨통이 막히거나 이해관계가 얽혀서 설득할 수 없을 때, 스포츠를 활용하면 갈등을 해소하여 적대적 관계를 친밀한 관계로 형성할 수 있고, 국가를 국제적으로 선전하고 나라의 경쟁력을 표현할 수 있다.

이제 우리나라 스포츠 분야도 선수, 지도자뿐만 아니라 용품, 서비스, 시설 등 수출을 통해 K-팝, K-뷰티, K-푸드와 함께 K-스포츠라는 모습으로 전 세계에 알려야 할 때이다.

스포츠 마케터로서 다양한 활동을 했고 대한체육회 마케팅위원회 위원장을 역임하면서 우리나라 스포츠 산업의 어제와 현재를 실제로 경험했다. 또한 대학교에서 학생들과 함께 하고, 선수들과 지도자들과 부대끼며 몸소 느꼈던 바를 바탕으로 대통령직인수위원회 부대변인으로 사회복지문화 분과를 담당했다. 그러면서 거시적으로 스포츠 산업의 위치를 바라보고 정부의 과제를 브리핑 함으로

써 앞으로 우리나라 스포츠 산업이 어떤 방향을 잡고 나아가야 하는가를 인식하게 되었다.

스포츠 마케터로서 비즈니스 차원에서 일을 할 때는 스포츠 산업을 크게 바라보지 못했고, 스포츠 산업과 관련된 종사자들과 스포츠 마케팅과 관련된 사람들과의 관계 향상과 발전적 방안에만 몰입했다.

하는 일의 범위가 커지고 위치가 바뀌다 보니 시야가 넓어진다. 기울어진 스포츠 환경들을 더욱 들여다보게 된다. 이전에도 몰랐던 것은 아니지만, 장기적으로 봤을 때 어떻게 해야 바람직하고 미래지향적인 스포츠 환경을 만들어나갈 수 있는가 하는 관점이 생긴 것이다.

특히 엘리트 스포츠와 생활체육을 조화롭게 잘 이루어나가야 한다는 생각이 더욱 확고해진다.

국위를 선양하는 엘리트 스포츠와 국민들이 열광하는 프로 스포츠, 그리고 국민들이 참여하는 생활 스포츠클럽의 활동 등은 모두 서로 긴밀하게 얽혀 있다. 그러니 국가에서 한 분야에만 집중적으로 예산을 들여서 키우기보다는 각 부분들을 잘 안내하고 조율하고 제도화하는 부분들이 필요하다.

선진국의 스포츠 산업을 모방만 할 것이 아니라 국내의 환경과 여건에 적합한 스포츠 환경을 만들기 위해 비전과 과제의 정리가 필요한 시점이다. 혼자 고민하는 것이 아니라 다양한 분야의 전문가들과 협업을 통해 대한민국이 스포츠 강국을 넘어 스포츠 선진국으로 자리매김 하도록 노력할 것이다.

첫째도 팬, 둘째도 팬, 셋째도 팬

스포츠는 언제나 우리에게 많은 희로애락을 안겨주었다. 피겨 스케이팅에서 첫 금메달을 안겨준 김연아 선수는 말할 것도 없고, 스피드 스케이팅 여제 이상화 선수, 더 거슬러 올라가 영원한 코리안 특급 박찬호 선수, 맨발의 투혼 박세리 선수까지. 국가적으로 힘든 시기마다 국민의 자긍심이 되어준 그들을 우리는 벅찬 자긍심으로 기억하고 있다. 특히 박찬호 선수와 박세리 선수는 그 의미가 특별하다.

IMF 때 우리 국민들이 얼마나 절망하고 힘들었던가. 그 시기에 그들이 한 경기 한 경기 성과를 낼 때마다 마치 그들의 성취가 우리의 성취인 것처럼 뿌듯해하고, 희망이 되어줬던 것을 기억한다. 불가능으로 생각했던 메이저리그에 진출한 최초의 한국인, 세계골프대회에서 한국 최초의 우승을 안겨준 선수. 이들을 떠올리면 스포츠란 위기의 순간, 갈등의 고비마다 국민을 통합하게 해주는 매개체가 된다는 것을 새삼 깨닫는다.

이러한 감동 스토리를 만들어준 선수들에게 미디어의 관심은 집중되고, 기업은 다양한 방법으로 선수들의 이미지를 활용하려고 한다. 바로 스포츠를 활용한 마케팅이 적용되어 스포츠 산업을 활기차게 만들어주는 것이다. 선수도, 기업도, 미디어도 모두 스포츠 마케팅 활동의 최종 종착지가 어디로 향해 있는가? 바로 스포츠 소비자이다.

스포츠 마케팅은 제품을 생산해내어 각 구단이나 미디어, 기업 등 다양한 수단들을 통해 소비자들에게 전달되는 것이다. 예전에는 방송사와 기업이 스포츠 마케팅의 장이었지만, 이제 미디어 환경이 급속히 변화하였다. 유튜브와 인스타그램 등 사용자 간 관계를 형성할 수 있는 웹이나 앱 기반의 플랫폼을 활용하여 고객들과 소통하는 마케팅 전략을 펼쳐나간다. 정보는 매우 빠르게 확산되고 사용자들간의 실시간 소통이 가능하며 노출시키고자 하는 대상을 정확하게 타겟팅하여 광고를 공격적으로 집행할 수 있다. 비교적 저렴한 비용으로 기업의 브랜드 인지도를 상승시키며 관심

고객 및 신규 고객 확보에 용이하기에 스포츠 시장에서도 적극 활용되고 있다.

스포츠 마케팅에는 세 개의 축이 있다. 스포츠 생산자 집단, 이벤트를 알려주는 미디어, 후원하는 기업. 이 축들이 상호작용을 통해 멋진 스포츠 상품이 만들어진다. 그리고 생산자 집단, 미디어, 기업은 최종 종착지인 스포츠 소비자를 향해 있으며, 소비자는 팬들이 되는 것이다.

기업이 스포츠 이벤트에 후원을 하는 이유가 뭘까? 바로 멋진 경기에 스포츠 소비자들이 많은 관심을 갖고 경기장을 찾거나 TV 등 매체를 통해 팬들이 볼 것이라고 예상했기 때문이다. 경기가 노출이 되고 충성도 높은 팬들이 확보되기에 구단과 선수들은 인기를 얻는 것이고, 높은 시청률을 기대하기에 방송사들도 앞다투어 막대한 예산을 들여 방송 중계권을 구매한다.

스포츠는 결국 팬이 없으면 존재할 수 없다는 점을 생각하면 유벤투스 구단의 내한 경기였던 크리스티아누 호날두의 노쇼(No Show) 사건은 안타까움과 동시에 입맛이 썼다.

국내 팬들이 화가 난 것은 단순한 한 가지 이유만은 아니다. 우선 경기를 보러 온 가장 큰 이유 중의 하나가 경기장에서 크리스티아누 호날두의 훌륭한 플레이를 보는 것이었는데 비싼 티켓 값을 지불했으나 유벤투스의 지각으로 경기가 늦게 시작했고 그를 경기에서 볼 수 없었다는 점이다.

또한, 팬 사인의 행사에서도 크리스티안 호날두를 비롯해 유벤투스 주요 선수들이 참석할 예정이었으나 호날두는 컨디션 관리를 이유로 불참했다.

유벤투스 팀의 마우리치오 사리 감독은 인터뷰에서 "호날두의 근육 컨디션이 좋지 않아 경기를 안 뛰는 게 좋겠다."고 결론을 내렸다고 하지만, 경기가 끝난 다음 날 호날두의 인스타그램에서 "Nice to back home"이라며 런닝머신 위에서 재롱을 부리는 영상을 보며 국내 팬들은 더욱 분노가 치밀어 올랐던 것이다.

"스포츠 마케팅 매커니즘의 '종착지'는 스포츠 생산자인 협회, 연맹, 구단, 선수가 아니고 미디어도, 기업도 아니다. 바로 '팬'(스포츠 소비자)인데 이를 망각한 듯한 처사들을 했다."라고 나는 세계일보 인터뷰에 답한 바 있다. 인터뷰 내용을 소개해본다.

사단법인 한국문화스포츠마케팅진흥원 김재현 이사장은 지난 26일 '호날두 노쇼(No show)' 등 한국 축구팬들을 우롱하며 막을 내린 유벤투스와 '팀 K리그'(K리그 올스타)의 친선경기 논란에 대해 29일 이같이 밝히며 "당일 경기 자체뿐 아니라 전체적인 일정을 보면 유벤투스와 호날두도 잘못했지만 이런 빅이벤트를 주최·주관한 업체들도 적지 않은 문제점을 노출했다"고 지적했다.

"프로선수들은 몸이 재산이라 스스로 컨디션 관리를 철저히 하는 게 기본인데 하물며 세계적 빅스타인 호날두는 오죽하겠냐"면서 "구단이 '중국왔다 돌아가는 길에 한국 잠깐 들르면 수십억 원을 챙길 수 있다'는 생각에 무리한 일정을 밀어붙였고 정작 부상 등을 염려한 호날두는 출전을 거부한 것 같다"며 문제는 그 다음이라고 말했다.

사정이야 어떻든 호날두 불참 사실을 확인한 유벤투스 구단과 주최 측의 사후 대응도 부실했고, 호날두도 한국 팬들의 열망을 외면하면서 사태를 악화시켰다는 것이다.

김 이사장은 "행사 규모가 크든 작든 기획 단계에서 예상치 못했던 돌발 변수가 얼마든지 발생할 수 있다"며 "주최·주관 담당자들은 변수나 리스크가 생겼을 때 유연하게 적절히 대처할 수 있는 방안을 마련해둬야 한다"고 말했다. 이어 "하지만 이번에는 빅이벤트임에도 불구하고 그런 게 제대로 작동하지 않았고 아에 대비가 안 된 것처럼 보였다"고 지적했다.

그는 "간절하게 기다린 한국 팬들을 감안, 짧은 시간이라도 그라운드에 나왔으면 좋았을 호날두도 잘못했지만 유벤투스 구단과 주최 측 잘못도 크다"며 "호날두가 못뛰는 상황에 대해 팬들에게 양해를 구하고 호날두가 다른 방식으로 팬들과 함께 어울리며 소통할 수 있는 기회를 갖도록 했다면 이토록 여론이 악화하지는 않았을 것"이라고 말했다. 김 이사장은 "스포츠는 국민을 통합하는 감동의 상품인데 이번 행사는 스포츠 도박 광고 논란 등 스포츠의 정신을 무시하고, 스포츠 산업에 매우 중요한 스포츠 마케팅의 기본(팬이 최고)을 모르는 행사였다"고 거듭 비판했다.
유벤투스 내한 경기는 노쇼 사건으로 인해 우리를 돈벌이 수단으로만 여겼다고 생각하는 팬들의 분노로 막을 내리고 말았다.

경험에서 교훈을 얻어보자. 새로운 만남이나 반가운 사람들을 만날 때 사람들은 악수를 하게 된다. 악수하자마자 바로 다른 이에게 눈을 돌리는 경우가 많다. 많은 사람들과의 교감을 목적으로 빨리 한 사람이라도 더 악수하려고 했겠지만, 진정 한 사람의 마음도 얻지 못했다는 것을 말이다.
스포츠 마케터는 스포츠와 관련된 생산자, 후원자에게 진정성 있게 접근해야 한다. 그리고 가장 중요한 것 스포츠 마케팅의 꼭짓점은 바로 '팬'임을 잊어서는 안 된다.

꿈꾸는 이들에게
날개를 달아주다

　대학을 졸업하고 스포츠 마케터가 되기 위해 스포츠 관련 시장을 살펴보았지만 스포츠 마케팅을 주 업종으로 하는 회사도 없었고, 창업을 하려고 해도 생소한 분야이다 보니 정보도 없었다. 따라서 스포츠 마케팅 시장을 개척하거나 비즈니스를 적극적으로 하는 이를 찾기가 너무 어려웠다.
　지금은 스포츠 마케팅 관련 학문을 공부하고 취업할 곳들이 많아졌다. 대학에서는 스포츠 경영학을 전공할 수 있고 석사, 박사 학위도 생겼다. 또한, 대학을 졸업한 후에 스포츠 마케팅 에이전시, 스포츠 이벤트, 광고대행사, 스포츠 에이전트사들을 쉽게 찾을 수 있고,

구단이나 스포츠 단체를 비롯하여 지자체에서도 스포츠 마케팅 부서가 있다.

스포츠 산업이 발전하고 스포츠 마케팅 분야가 매력적이다 보니 대학에서 체육학이나 스포츠경영 분야를 전공하지 않더라도 미래에 스포츠 마케터를 꿈꾸며 준비하는 학생들도 늘어나고 있다.

이런 실정이다 보니 스포츠 마케터를 꿈꾸는 이들에게 스포츠 현장을 직접 체험하고, 스포츠 마케팅 관련 회사의 인턴십 프로그램에 참여할 수 있는 기회를 제공하는 것이 중요하다고 생각했다. 스포츠 마케팅 분야도 시대가 급변함에 따라 새로운 요구가 생겨나고 있다. 이러한 시대적 요구에 맞추어 변화하고 발전하는 부분들을 보여주고 참여하도록 하여 청년들의 꿈이 한 발짝 더 다가갈 수 있도록 동기부여를 주어야겠다고 다짐하게 된 것이다.

스포츠 산업 분야에서 한 획을 긋고 있는 분들을 찾아 나섰다. 그들에게 청년들의 꿈을 실현시켜주기 위한 멘토가 되어 달라고 부탁하면서 딱딱한 이론에서 벗어나 현장의 목소리를 흥미롭게 전해진다고 생각하니 발걸음이 가볍고 고개를 숙임에 부끄럽지 않았다.

타이틀을 정하는 것 또한 중요했다. 청년들에게 날개를 달아주자는 취지에서 〈날개를 달다〉 토크콘서트가 탄생한 것이다.

〈날개를 달다〉는 스포츠 산업 분야에 진출하고자 하는 청춘들에게 '꿈의 날개를 달다'라는 것을 목적으로 마련된 '소통의 장'이 되었고, 스포츠 분야의 전문가를 초청한 멘토 시스템과 온·오프라인 상 소통의 장을 통해 청년들이 글로벌 리더로 성장하도록 돕게 된 것이다. 유승민 IOC위원, 신태용 감독, 김병지 대표, 전기영 교수, 양재근 교수를 비롯하여 스포츠 선수, 지도자, 트레이너, 구단 관계자, 스포츠브랜드 마케터, 스포츠 마케팅 에이전시, 스포츠단체 관계자, 이벤트 기획자, 방송사 PD, 기자 등 각 분야의 전문가들이 멘토 역할에 적극 참여해주었다. 서울, 경기지역은 물론 기차를 타고, 버스를 타고 전국에서 모여든 청년들이 멘토들과 소통하는 모습을 보면서 고생은 온데간데없고 내 마음은 뿌듯함으로 채워졌다.

대학생들만 참여하겠지 했던 생각은 큰 오산이었다. 중학생, 고등학생들이 참석하여 자신의 꿈을 그려나갔고, 학부모들도 함께하면서 자녀들의 방향을 설정할 수 있도록 도움을 준 토크콘서트에 감동 받았다는 인사를 받으니 더욱 힘이 나기 시작했다.

내가 스포츠 마케터가 되기 위해 부족했던 부분들, 일을 하면서 누군가 내 손을 잡아줬으면 했던 간절한 바람이 내 마음속에 남아있는지라, 내가 개척하면서 걸었던 길을 얘기해주고 싶었는데 날개를 달다 토크콘서트를 통해 가슴속 응어리가 풀린 듯했다.

토크콘서트를 통해 그들이 더욱 적극적으로 참여할 수 있는 프로그램이 필요하겠다는 생각이 들었다. 스태프들과 고민 끝에 청년들에게 스포츠 분야 사업을 지원하고 기업과 연계하여 희망과 용기를 주는 사회공헌프로젝트를 만들기로 작정했다.

바로 '젊은 나래'가 탄생한 것이다.

스포츠 분야에서 대한민국을 이끌어갈 청년들이 나아갈 방향에 초석이 되고자 다양한 지원 프로그램을 짜내기 시작했다. 기업을 찾아가서 지원을 받아 창의적인 청년들의 꿈과 희망이 현실이 되도록 지원해 나갔다. 스포츠를 통해 다양한 일이 가능하다는 것을 알리는 계기도 되었다.

젊은 나래 멤버 중 대학 축구 선수였는데 갑자기 부상을 당해 선수로서의 생명이 끊어진 대학생이 있었다. 꿈이 좌절된 학생에게 축구를 벗어나 스포츠 산업의 또 다른 다양한 현장을 보여주었다. 그 학생은 스포츠 행정가가 되겠다는 다짐을 하였다.

스포츠를 매개로 하여 어려운 환경을 들여다보고 지원하는 프로그램을 만들어보자는 젊은 나래 친구들의 아이디어를 실천하기 위해 멘토들도 함께 도왔다.

슐런(나무보드 위에서 퍽을 홀에 넣어 점수를 내는 스포츠) 교실도 열고 SNS용 콘텐츠를 제작하기도 하면서 스포츠 현장의 목소리를 직접 알려주는 주체가 되게끔 했다. 스포츠 기자가 되고 싶은 친구들에게는 언론사와 연계하여 취재, 촬영, 편집 등 경험을 쌓을 수 있는 기회를 주기도 했고, 스포츠브랜드 매니저가 되고 싶은 친구에게는 글로벌 스포츠브랜드 매니저를 소개하여 업무에 대한 정보를 소통하는 등 젊은 나래는 사회공헌과 현장을 체험하는 장이 된 것이다.

1세대 스포츠 마케터로서 지자체나 중학교, 고등학교, 대학교 등에서 특강 요청도 많이 받았다. 특강을 통해 현장감, 실질적 도움이 되는 마인드 등 학교에서의 교육만으로는 얻을 수 없는 강의를 했다고 자부한다. 기여가 되었으면 하는 마음으로 특강료도 고스란히 학교 발전기금이나 스포츠 관련 발전기금으로 도네이션했다. 스포츠 산업을 이해하고, 마케팅 시장을 배우려고 하는 모든 이들에게 나를 불러준 것만이라도 오히려 감사한 마음에서였다.

누군가의 꿈에 내가 걸어온 길이 하나의 이정표가 되고, 꿈을 꾸는 데 보탬이 되었구나 실감한 일이 있다. 한 여학생으로부터 SNS를 통해 긴 메시지를 받은 일이 있다. "김재현 박사님 안녕하세요? 밴쿠버에서 살고 있는 OOO입니다."로 시작되는 글이었다. 첫 저서인 《스포츠 마케터를 꿈꾸는 당신에게》를 읽었다며 혹시 나라면 SNS를 하지 않을까 하는 마음에 SNS에 등록된 나를 찾기 시작했고 그렇게 메시지를 보내게 되었다고 했다.

캐나다에서 오랜 기간 해외에서 공부 중인 그 여학생은 방학을 맞아 한국에 와 있던 참이었다. 한국에서 일부러 스포츠 마케팅 관련 서적을 찾아보았다는 것도 기특하고 내 책을 잘 읽었다는 이야기에 고마운 마음이 들어 연락을 했다. 다음 날 멀리 지방에서 서울로 한달음에 나를 보러 온 그날의 기억이 아직도 생생하다.

　캐나다에서 소프트볼과 야구를 했고, 고등학교 때는 농구부 캡틴을 맡았을 정도로 스포츠를 열정적으로 좋아하는 그 여학생은 현재 대학에서 매니지먼트와 마케팅을 전공하고 있다고 했다. 그 여학생은 자신의 이력을 대략 소개한 후, 내가 쓴 책을 꺼내며 사인을 청해왔다. 그런데 거기에서 또 한 번 놀라고 말았다. 책 페이지마다 줄이 그어져 있는 것을 비롯해 형광펜으로 체크한 곳도 수두룩했으며 무언가를 깨알같이 적은 메모지가 책 여기저기에 붙어 있었다. 일면식도 없는 학생이 나보다 나를 더 잘 알고 있다는 느낌에 감동과 함께 부끄럽기까지 했다.

　또한, 이 학생이 우리나라에서는 아직도 너무 미흡한 스포츠 마케팅 세계의 현실과 스포츠 선수들의 애환을 잘 이해하고 있었던 데 감탄을 금할 수 없었다. 용감하고 도전정신이 있는 데다 이 정도의 정성이라면 정말 뭐라도 이루어낼 것 같은 그 여학생의 꿈에 조금이라도 보탬이 되도록 더욱 열심히 살아야겠다는 다짐이 절로 들었다.

　그 후 그 여학생과의 인연은 계속되어 미국 메이저리그팀 시애틀 메리너스 담당 언론 기자로 일하고 있던 그녀에게 지속적인 러브콜을 보냈고 마침내 한국으로 들어와 스포츠 마케팅 부서에서 경험을 쌓도록 하였다.

꿈을 꾸는 이들에게 현장의 일면을 체험케 하고 보다 넓은 시야를 제공하고 든든한 길잡이가 되는 것, 그것이 스포츠 마케터로서 걸어온 나의 책임일지도 모르겠다.

Part 2

열정, 치열함, 최선의 최선만이 나를 이끈다

뒤돌아보지 않을
정도로 몰두하라

젊어서 고생은 사서도 한다는 말이 있다. 이제 막 발전 초입에 들어선 소사 사거리의 그 세차장에서 쌓았던 경험들이 지금도 생생하다.

당시 대학 4학년 재학 중였는데 학교 수업을 듣는 시간을 제외하고는 온전히 자동차 정비와 세차장에서 일했다. 고되기가 보통이 아니었다. 몇십 년 전의 일이니 지금보다 시설이며 환경이 열악했을 것은 말할 것도 없거니와 겨울에 그렇게 쉴 틈 없이 움직여도 손과 발끝에 감각이 없을 정도로 추웠다. 비 소식이 있으면 세차를 하지 않으니 장마 기간이 긴 여름에는 세차 고객이 현저히 떨어졌다. 그 시절에 세차장이 제대로 운영되려면 하루에 차를 6, 70대는 닦아야 했으니, 그 바쁨은 지금으로서는 상상할 수 없는 일이다. 몇 명이 차 한 대에 달려 들어서는 물을 뿌리고 닦고 윤을 내는 일을 기계처럼 온종일 했다.

그런 상황에서도 종일 굽혔던 허리를 젖혀 하늘을 쳐다보는 잠깐의 여유를 맛볼 때가 있었다. 그때 내가 세차장에서 딱 하나 다짐한 것이 있다. "밖에 나와서 어떤 일을 하더라도, 절대 다시는 이곳으로 돌아오지 않겠다."

다시는 돌아오지 않겠다.

이 뒤돌아보지 않겠다는 마음가짐은 내가 지금 하고 있는 일에 더 치열하게 임하게 하는 원동력이 된다. 쉬는 날에도 세차장에 나와 할 일을 찾아내고, 비 오고 눈 오는 날 부랴부랴 타이어체인을 양 어깨에 들쳐메고 정차된 차 사이를 오가고, 회원카드를 만들어 고객을 관리하고. 할 수 있는 모든 것을 남김없이 다 했다.

일을 해보니까 무슨 일을 하더라도 마케팅의 종착지는 결국 소비자라는 것을 가슴 깊이 느꼈다. 아무리 제품을 잘 만들고 열심히 홍보하고 알렸다 하더라도, 느끼는 바가 없으면 사람들은 찾아오지 않는다. 대학생 시절 마케팅에 눈을 뜨며 이 지점을 깨달은 나는 한 번 왔던 고객을 어떻게 하면 또 오게 할 수 있을까 고민했고 회원 관리를 하기 시작했다.

요즘은 고객관리를 위한 CRM 기법을 적용하지만, 그때는 고객관리를 위한 프로그램이 전혀 없었다. 그때 나는 세차장에서 일하며 노트를 사서 회원카드를 만들었다. 그러니까 세차장에서 일한 경험이 단순히 노동만은 아니었다는 것이다.

카드에 방문했던 고객의 이름과 전화번호를 적고 주행기록이 얼마나 되는지, 언제 오일을 교체했는지, 세차 시 고객이 어느 부분을 중점적으로 보는지 등을 기록했다. 비 소식이 있는 날이면 오일 교체해야 하는 시기가 되었다는 등 차량 관리에 대한 소식을 알려주기 위해 전화를 돌렸다. 당연히 비 소식이 있는 날이면 차량 정비를 하기 위해 차들이 들어오기 시작했다. 물론 내가 이렇게 전화를 했다고 해서 모두 재방문 하는 것은 아니지만, 전화를 받는 고객의 입장에서는 차량관리에 놓칠 수 있는 부분을 상기시켜준다는 점이나 이 업체가 내 차를 관심 있게 보는구나 하는 생각을 갖는다. 그러면 고객은 좋은 인상이 각인이 되고 재방문할 수 있는 기회를 업체는 확보하는 것이다. 당시 고객감동이라는 마케팅이 보편화되지 않은 상황에서, 무엇보다 세차장에서 정성을 다해 고객을 관리한다는 것은 특별한 홍보 포인트였다.

그 시절 고생했던 흔적이 몸에 남아서 세차장의 기억은 지금도 선명히 떠오른다. 그 고된 노동 탓에 몸이 많이 망가져버렸고, 종종 치료를 받기 위해 병원에 가기도 한다. 하지만, 그때의 경험을 후회

하지는 않는다. 젊어서 고생은 사서도 한다고 운을 띄웠지만, 사실 나는 고생 자체를 하라고 말하고 싶지는 않다. 어떤 일에 본격적으로 뛰어들 테면, 무엇을 목적으로 내 시간과 열의를 쏟을 것인가를 결정했으면 좋겠다. 인생의 모든 기로가 중요하다. 시작하기 전에, 혹은 지금 무언가를 하고 있다면 내가 의미 있는 고생을 하는가, 그 고생으로 인해 내가 어떤 마음가짐이 되었는가, 내가 어디에 소속되든 내 사업을 일으키든 적용시킬 것이 반드시 있겠는가, 이 세 가지를 반드시 따져나갔으면 좋겠다.

무엇보다 나 혼자만의 이익을 추구하자면 그것 역시 의미 있다고 할 수 없다. 그 경험들에서 얻은 지혜들을 나한테 적용시키면서도 내 주변 사람들을 유익하게 만들었는가, 그 지점이 중요한 것이다.

하기로 마음먹으면,
모든 경험이 기회가 된다

 스포츠 마케터로서 걸어온 길을 보면, 성공과 실적의 기록이라기보다는 끊임없이 시도를 한 삶의 흔적으로 정리할 수 있겠다. 때로는 실수와 실패가 가득했지만, 나 자신에게 다양한 경험을 선물한 듯하다. 그 속에서 나의 능력을 발견했고, 많은 실패와 실수 속에서 또 다른 내가 나아가야 될 방향과 가치를 찾기 위해 담금질이 된 것이다. 이런 일들이 스포츠 마케팅하는 그 현장에서 이루어졌다.
 예를 들어, 선수를 매니지먼트를 할 때는, 홍보를 해야 하는 대상이 물건으로 대표되는 상품이 아니다 보니, 선수의 장점을 최대한 살리고 포장을 잘해서 가치 있는 선수라는 것을 피력해야 한다. 구단에서 선수로 받아들이려면 어떻게 해야 하는지, 또는 선수가 기업에서 광고모델 또는 후원사로 선정되려면 어떻게 해야 하는지 고민해야 하니 스포츠 마케터는 선수보다도 더 많이 정보를 확보해야 한다. 그렇다고 선수를 무시하거나 선수가 생각하고 계획한 것보다 앞질러가서도 안 되니 매우 민감하고 조심스러운 일이다.

스포츠 마케터는 사람을 설득하고 만나는 과정에 더욱 꼼꼼히 준비해야 한다. 사전에 선수의 포트폴리오를 일목요연하게 잘 정리해 놓은 상태에서, 선수와 잘 맞을 만한 구단과 접촉한다. 구단에서도 경기력 향상을 위해 보완이 되고, 선수도 능력을 최대한 잘 발휘해서 구단과 선수양쪽이 모두 시너지를 발휘할 수 있다는 시나리오를 정리하여 담당자를 설득하는 것이다.

기업의 광고나 후원을 이끌어낼 때도 타깃으로 정한 기업이 선수를 선택하고 기업의 제품이나 이미지에 적합하다는 정보를 만들어 미리 대상 기업의 광고대행사나 모델에이전시의 담당자들과 관계를 잘 맺어 정보를 확보해두는 것이다.

물론 이렇게 철저히 준비하고 정리했다고 모든 선수가 후원을 받거나 원하는 구단에 입단하는 것은 아니다. 그리고 "나의 목적을 이루기 위해 인간관계를 만들어야지." 하고 늘 계산적인 마음으로 고객들에게 접근해서도 안 된다. 진정성 없는 행동은 내가 아무리 상품을 잘 포장한다 해도 들통이 난다. 반면 준비하고 추진하는 과정과 행동에 진정성과 노력이 담겨 있으면 고객들은 스포츠 마케터가 일일이 진의를 설명하지 않더라도 알아준다. 신뢰는 진정성에서 뿌리를 내리고 진심이 담긴 소통이야말로 신뢰를 얻을 수 있는 것이다.

스포츠 마케터는 스포츠 마케팅 매커니즘에 속해 있는 담당자들과 관계를 잘 맺어두고, 일이 있을 때만이 아니어도 틈틈이 서로의 안부와 도움을 주고받다 보면, 내가 추진한 일이 아니더라도 또 다른 좋은 기회가 생긴다. 모든 일은 연결되어 있고, 내가 다져놓은 선의와 노력은 언젠가는 생각지도 못한 순간에 돌아온다는 걸 명심해야 한다.

스포츠 마케터는 한 명의 선수, 하나의 기업, 구단과 일하는 것이 아니다. 그러니 내가 처음에 소개했던 선수가 아니더라도 다른 선수가 그 기업의 제품을 광고할 수도 있고, 지금까지 추진했던 선수에 대한 이미지도 역시 다른 기업을 통해 빛을 발휘할 수 있다. 물론 스포츠 마케터가 생각한 대로 모든 일이 착착 맞아떨어지면 더 없이 좋은 일이었겠지만, 일이라는 게 원하는 대로만 흘러가는 건 아니다. 또한 생각한 것과 다른 방향으로 흘러간다 해도 전화위복처럼 또 다른 좋은 일로 연결되기도 하고, 예기치 않은 때에 스포츠 마케팅과 관련된 일의 물꼬를 터줄 때도 적지 않은 것이다. 기본적인 자세를 갖추고 인연을 맺으면 오랜 인연이 바탕이 되어 어느 순간부터는 오히려 고객이 일거리를 찾아주기도 하고 지속적으로 도움을 주기도 한다.

이런 경험들이 쌓이고 쌓이니 숨이 턱에 받히도록 힘겨워도 손을 놓을 수가 없게 된다. 그리고 하나하나 쌓아간 노력이 어떤 식으로든 되돌아오는 것을 떠올리면 다시 힘을 낼 수 있는 원동력이 되는 것이다.

지금 당장 성과가 나지 않았다고 인연이 끊어지는 것이 아니라 오히려 지금부터가 시작이라고 생각해보자. 첫술에 배부를 수 없다.

생각한 대로 일이 진행되지 않으면 조급해지고 의욕이 떨어질 수 있다. 하지만, 이번 한 번의 일로 반드시 무언가를 얻겠다는 마음을 내려놓고 차분히 관계를 다지면 그것은 바로 당신에게 스포츠 마케터로서의 튼튼한 근육이 만들어지고 강한 체력이 쌓이는 것이라고 말해주고 싶다.

"매사에 내가 숨이 차오를 때까지 노력했는데도 불구하고 안 됐다." 이걸 좌절의 경험으로 삼는 것이 아니라, 지금부터 시작이 되어 인연의 실타래가 이어지고 또 새로운 형태가 만들어지는 시발점으로 삼는 것이다.

돈독한 관계는 반드시 새로운 기회로 이어지게 마련이다. 내가 성심을 보이고 성의를 다한 관계라면, 어느 순간부터는 기존 고객들이 오히려 지속적으로 나를 케어해주기 시작한다.

마케팅이란 사람의 일로 풀린다. 하기로 마음먹었다면, 모든 것이 성공을 위한 초석이 되고 기회의 실마리가 된다. 시간이 지난 어느 날 뒤돌아보면 모든 것들이 헛수고는 아니었다.

바닥을 치면
반드시 올라온다

　돈을 아끼려고 미련하게 살았던 시절이 있었다. 실상은 학교에 적을 둔 학생 신분이었으니 고학생이라 할 만했다. 그런데 그 돈을 아낀다는 것이 대단하게 많은 돈을 벌어서 소비를 제대로 유용하는 것도 아니었다. 엄청 현명한 방법으로 아끼는 것도 아니었다. 그저 가진 게 몸뚱아리 하나였던 시절이라 몸을 갈아넣고 체력을 극한까지 끌어다 쓴 것이다.

　그래서 대체 어떻게 돈을 아꼈느냐 하면, 세차장이 딸린 카센터 한 구석에 먹고 자고 씻고 하는 생활을 한동안 했었다. 처음엔 샤워실도 없는 곳이었다. 그러니 생활이 얼마나 비루했겠는가. 화장실도 없었다. 지금 생각해도 인간으로서는 최고 밑바닥 시절이라 할 수 있었는데, 당시의 나로서도 이거 씻고 뭐라도 하려면 화장실은 만들어야 되겠다는 생각이 들었다. 이제 무에서 유를 창조하는 작업을 시작한 것이다. 시멘트를 부어 공간을 만들고, 세면대를 달고, 타일을 깔고 물을 끌어오고, 완전히 새로 만드는 일이었다.

모든 게 쉽지 않았다. 요즘에야 시멘트 포대를 사서 물을 부어서 농도를 맞추면 시멘트가 되지만, 그때만 해도 흙 따로 시멘트 따로 사야 했고, 그게 적은 양도 아니었다.

비가 약간 온다는 날을 고르고 "야, 삼겹살 사줄게." 하고 친구를 불러서 벽돌을 나르고 시멘트를 바르고 타일을 붙이고 원래 있던 공간의 문을 부수고 새로 문을 달았다. 그나마도 비가 조금 온다는 날을 고른 건, 비가 안 오면 그날은 장사에 묶여 있어야 했기 때문이다. 그때의 나는 경영학과 마케팅을 공부하는 학생이면서, 카센터에서 몸을 굴리면 일하는 노동자이면서, 공사장 인부이기도 했던 것이다.

친구는 비 맞고, 그 무거운 재료들을 옮기고 나르는 과정을 몇 번이나 반복하면서도 우는 소리 한 번 하지 않았다. 사실 이 고된 노동을 하지 않고 삼겹살 한 번 안 먹는 것이 훨씬 득이었을지도 모른다. 효율로 따지자면, 누가 봐도 그 고기 한 점 먹지 않고 체력을 쓰지 않고 쉬는 게 더 나았을 것이다. 고됨과 비루함도 생각나지 않을 만큼 의욕적이었고, 어쩌면 다시 돌아갈 수 없는 청춘의 낭만 같은 것이었을지도 모르겠다는 생각도 한다.

친구의 적극적인 협력 덕에 샤워 공간이 완성되고, 카센터 내의 수도에 호스를 연결해서 샤워실까지 쭉 끌고 들어와 결국 첫 물줄기를 맛봤다. 드디어 해냈다는 그 성취감은 이루 말할 수 없었다. 이걸 하는구나, 이렇게도 내가 할 수 있는 사람이었구나 하는 자신감은 말할 것도 없었다.

고생한 친구에게 삼겹살을 대접해줄 때가 왔다. 저녁 7시가 되면 어스름하게 해가 지곤 했다. 카센터라는 공간이 막힌 사무실 같은 곳이 아니다 보니, 뭔가를 하면 훤히 다 보일 수밖에 없었다. 그 해질녘, 편의점 앞이나 해수욕장에서 볼 만한 커다란 파라솔 테이블을 어디선가 갖고 와서 파라솔을 펼치고 플라스틱 의자 두 개를 딱 갖다 놓고 휴대용 버너를 올려놓으니 꽤나 그럴 듯했다. 치이익 하고 고기가 구워지는 소리와 그 저녁의 풍경, 친구와 "이야, 이걸 해냈다." 하고 서로 어깨를 두드려주던 그 시간을 기억한다.

그 이후 10여년간 주말에 쉬어본 적이 없었고 365일 중 추석, 구정 명절 당일에만 쉴 정도로 열심히 살았다. 그 덕분에 지금 당장 망해도 난 가족들을 부양하며 먹고살 수 있겠다는 자신감 하나는 충만하다. 지금은 구단의 대표가 된 김병지 동생과 가끔 이런 얘기를 한다. "병지야, 우리는 쫄딱 망해도 밥 먹을 수 있고 두 다리만

건강하면 리어카 끌고 수박 사다가 길거리에서 팔아서라도 살자."
팔 자신 있다. 다시 밑바닥까지 내려가서 새롭게 시작한다는 것에
부끄러움은 없다.

사실 카센터 세차장의 얘기는 드러내고 싶지 않았기도 하다. 나 자신의 삶을 부끄럽게 여기는 건 아니지만, 내 초등학교 친구들이나 주변 친구들이 이 책을 봤을 때, 이 당시의 내 삶이 얼마나 구질구질하고 비루하게 보일 수 있겠나 하고 생각하면 굳이 내가 이 이야기를 해야 하나 싶은 것이다.

고등학교 친구들 같은 경우에는 더할 것이다. 난 음악을 했으니, 저녁에는 밴드를 하고 화려한 생활을 했는데, 낮의 생활이 이렇다니.

하지만, 이 말을 꼭 해주고 싶었다. 모든 것을 내려놓고 내가 원하는 그 한 가지만을 생각하며 바닥에서 구르는 것을 부끄럽거나 창피하게 여기지 말아야 한다는 것이다. 그럴지언정, 내가 무엇을 하고 싶은지, 이 바다 생활을 끝냈을 때 어떤 단계로 향할 것인지 확고한 의지와 비전을 가슴에 품는다면, 지금 꿈을 향하는 이들에게 못할 것은 없으리라고 믿는다.

나만의
세컨드 윈드를 만들어라

고된 일을 종일 하다 보면 중간에 반드시 힘에 부쳐 그만하고 싶을 때가 온다. 그럴 때는 스스로 나 자신의 어깨를 두드리고 격려해도 되는 시점이라고 여긴다. "그래, 나 지금까지 충분히 열심히 했고 열정을 다했다." 그런데 바로 이 지점에서 어떤 행동을 하느냐가 쌓여 시간이 흐를수록 큰 차이를 만든다. 세컨드 윈드라는 것이 있다.

세컨드 윈드: 운동하는 중에 고통이 줄어들고 운동을 계속하고 싶은 의욕이 생기는 상태.

_〈두산백과〉 중

내가 어떻게든 해보려고 할 때 우리는 모든 일에 세컨드 윈드를 맞은 듯 임해야 한다. 이제 여기까지다 싶었을 때 한 번 더 해보는 힘의 저력을 나는 믿는다. 왜냐하면 그렇게 어떻게든 더 해보려고 했을 때 언젠가 내게 무엇이라도 되돌아오는 경험을 했기 때문이다. 대표적으로 선수를 구단이나 기업에 알리려 할 때마다 이 세컨드 윈드의 힘은 증명이 된다.

플레이어 에이전트, 쉽게 말해서 선수의 에이전트 매니지먼트를 할 때는 그 선수보다도 더 많은 걸 알아야 되지만, 또 한편으로는 너무 그 선수보다 앞질러 가서도 안 된다. 사람을 대상으로 하는 일이기 때문에 해당 상품의 매력이나 장점을 어필해서 잘 팔리도록 해야 한다는 점에서는 비슷하지만, 어디까지나 내가 대상으로 삼는 것이 물건이 아니라 사람이며, 마음을 움직여야 하는 대상 역시 사람이라는 점을 잊어서는 안 된다. 사람 자체를 너무 상품으로 여기지 말라는 것인데, 요는 마음가짐의 문제인 것이다.

선수가 운동에 집중할 수 있는 환경을 만들기 위해서는 기업의 후원을 받는 일이 필수 불가결하고, 이적 시기에 이르러서는 구단이 이 선수를 받아들이는 과정을 잘 다지는 것이 중요하다. 이는 스포츠 마케터라고 하면 사람들이 떠올리는 기본 역할 중 하나다. 그런데 이적 시기, 혹은 이 선수가 지금 후원이 필요하구나, 하는 시점에 접촉하면 그건 너무 노골적이다. 상대 입장에서는 내게 접근한 목적이 너무 분명해 보이기 때문에 진정성을 어필하기가 쉽지 않다.

내가 취한 방법은 일이 없어도 만나는 것이었다. 사람 일만 해도 그렇지 않나. 친하지도 않은 사람이 한참 연락 없다가 소식을 알려오면 반갑다가도 "그런데, 사실….''이라고 운을 떼며 부탁을 해오면, 나를 이용하기만 하려고 한다는 생각에 내 태도는 방어적이 된다. 기업이나 구단에 하는 일도 다르지 않다. 별 용건이 없어도 나를 찾아주고 생각해주면 어쩐지 고맙다. 내가 뭐 해준 것도 없는데 생각해준다고 여겨서다. 이런 마음 씀이 쌓이면 내가 지쳐 쓰러지고 그만하고 싶다 하는 순간 다시 일어나서 한 번 더 하게 하는 동력이 된다.

스포츠 마케터로서의 세컨드 윈드는 다름 아닌 내가 쌓아온 관계다. 운동선수들이 체력을 키우고 키워서 더 못하겠다 하는 순간 또 다른 몰입의 순간을 맞이하듯, 스포츠 마케터로서는 이 관계들이 어느 순간 마케터로서의 내 체력에 단단한 근육이 되어준다. 어떻게 보면 내가 명문화할 수 없는 체계를 갖고 움직인 것도 있겠지만, 이 인간관계가 몹시도 지치고 힘들고 좌절이 될 때 세컨드 윈드를 일으킬 수 있는 자양분이자 동력이 되었던 것 같다.

그래서 사람의 소중함을 다시 한 번 강조하고 싶다.

이름값하던 맨체스터 유나이티드

맨체스터 유나이티드. 이름만 들어도 가슴 벅찬 꿈의 구단이다. 우리에게는 박지성 선수 덕분에 더욱 친숙한 이름이다. 박지성은 떠났지만 그래도 맨유를 응원하는 것은 바로 정으로 점철된 우리나라 특유의 '팬심'이라고 할 수 있다. 나도 국내 스포츠 마케터 1세대로서 업계에서 오랫동안 일했지만, 직접 맨유 구단을 방문한 것은 2013년 1월이 처음이었다. 설레는 마음을 감출 수가 없었다.

사실 비행기에 오를 때만 해도, 스포츠를 통한 다양한 산업군의 시장조사와 함께 맨유가 성장할 수 있었던 요인을 현장에서 찾고자 하는 것이 목적이었다. 우리나라도 이제 한류문화의 붐을 이어갈 구단이 필요하다는 생각에서였다. 하지만 막상 런던에서 기차를 타고 홈구장인 올드 트래퍼드에 도착했을 때, 그 웅장하고 거대한 느낌은 형언하기가 힘들었다. 마치 어린이가 보물상자를 발견한 느낌이었다. 주위를 둘러보니 이러한 느낌을 받는 것은 비단 나뿐만이 아닌 듯했다.

이곳의 시즌티켓을 구한다는 것은 하늘의 별따기만큼 어렵다. 하지만 열광하는 팬들을 위해 맨유에서는 경기장 투어를 마련해 전 세계 팬들을 맞이한다. 맨체스터는 이 한 가지만으로도 엄청난 관광수입을 올리고 있다.

경기를 직접 관람하는 것도 아닌데, 그저 보는 것만으로도 충분한 전율과 감동이 전해졌다. 그럴 수밖에 없는 것이, 푸른 잔디와 전광판, 그리고 입장할 때 팬들의 환호성 등을 직접 느낄 수 있도록 세심한 프로그램이 마련되어 있었다. 스포츠 카페에서는 자기가 좋아하는 선수들의 자리에 앉아볼 수 있으며, 캐릭터 상품 콜렉션은 마치 거대한 백화점을 방불케 한다.

나와 함께 투어를 하는 팀 중 중국에서 온 청소년 축구단이 있었다. 맨유의 작은 하나라도 놓치지 않으려는 이들의 표정에서 미래의 프리미어리거를 볼 수 있었다. 이들은 얼마나 많은 꿈을 꾸겠는가, 얼마나 희망에 차 있겠는가. 우리나라 청소년 선수들도 이곳을 방문해 미래를 설계하고 동기부여를 할 수 있었으면 좋겠다는 마음이 간절했다.

　가장 중요한 것은 이러한 경기장 투어가 단지 관광수입을 위해서 운영되는 것이 아니라는 점이다. 팬들의 진정성으로 마련된 프로그램인 만큼 코스 하나하나가 맨유의 역사였고 감동이었다. 나는 그저 부럽기만 했다. 프로 구단 하나의 성공으로 지역과 나라에 얼마나 큰 경쟁력이 되는가. 스포츠는 '무기 없는 전쟁'이다. 맨체스터는 이 구단을 소유함으로써 이미 그 전쟁에서 승자가 된 것이다.

　나는 개인적으로 수많은 스포츠 스타들의 물품이나 기록, 사인볼 등을 소장하고 있다. 처음에는 귀한 선물을 받아 보관만 하고 있었는데, 생각해보니 이들을 좋아하는 팬들과 공유하고 싶다는 마음이 들었다. 추후 여건이 된다면 작은 박물관을 만들어 우리의 스포츠 역사를 옮겨놓을 계획이다.

드러내지 않는다면
'끼'가 아니다

　내가 스포츠 마케터로서 선수와 구단, 기업, 그리고 팬의 마음에까지 와닿는 기획을 할 수 있었던 건 음악의 힘이 컸던 것 같다.
　어릴 때부터 음악과 함께한 삶이었다. 되돌아보면 나는 나를 드러내는 데 거리낌이 없었다. 새로운 것을 거리낌 없이 받아들이고 소화하는 성향, 내가 느낀 것을 다른 사람에게 감화시켜 설득할 수 있는 능력, 이 모든 것의 근간은 음악에 있지 않나 싶다.
　초등학교 시절, 소풍 때마다 친구들 앞에서 노래하는 것을 좋아했던 것을 보면 내 안에 있던 '끼'라는 것이 일찌감치 발산되고 있었던 모양이다. 음악에 대한 열정은 사춘기를 지날 때까지 이어졌다. 틈이 날 때마다 항상 음악을 듣고 다녔던 것은 물론, 음악을 즐기는 차원을 넘어 그야말로 음악에 미쳐 있었던 시절이었다.

내 감정에 따라 취향에 맞는 음악을 좋아하는 건 당연하고, 친한 친구들이 즐겨 부르는 뮤지션의 음악도 같이 좋아했다. 내가 들어보지 못했거나 생소한 음악이라도 모두 다 받아들일 자세가 되어 있었기 때문에 그때만큼 다양한 장르의 음악을 많이 들었던 적도 없는 듯하다. 그렇게 다양한 음악을 거리낌 없이 접하게 되었기 때문인지 내 음악 인생에 경계란 없다.

고등학교 때는 그룹사운드 '한(韓)'을 결성해 보컬로 활동하기도 했다. 그 당시 나는 체육대학을 가려고 준비하던 학생이었지만 음악을 하는 친구가 찾아와, "우리 그룹에 보컬이 없으니 재현이 네가 왔으면 한다"는 제의를 받고 '한'의 보컬리스트가 되었다.

보컬이 부재했던 '한'의 멤버들이 내가 들어가기 전 연주하던 곡은 대개 헤비메탈이었고, 비교적 대중적인 곡이라는 것이 들국화, 부활, 스콜피언스의 음악이었다. 내가 좋아하고 즐겨 듣던 음악과는 조금 다른 장르였지만 일단 음악을 함께하자는 데에 신이 났다. 마음 맞는 친구들과 어떤 일을 도모한다는 것도, 내 꿈을 실현하는 데 한 발자국 더 다가가고 있다는 것도 기쁜 때였다.

당시, 우리 그룹의 멤버 중 부유했던 서영준이라는 친구의 도움으로 음악을 연주하는 데 필요한 장비들을 모두 갖추고 있어서 풍요로운 환경 속에서 음악 활동을 할 수 있었다. 그리고 우리 그룹은 지역에 점차 소문이 퍼져 다른 고등학교 축제 때 초대를 받아 공연을 다니기 시작했다.

이후 경기대학교대 입학해서는 '아르페지오'라는 서클에서 활동을 시작하였고 음악과 악기가 있는 곳이라면 어디든 가리지 않고 미친 듯이 뛰어 다녔다. 심지어 경희대학교의 그룹사운드 '일렉트릭스'의 창단 멤버로도 활동했다. 그렇게 우리는 대학 축제뿐 아니라 좀 더 영역을 넓혀 불우이웃돕기를 위한 자선공연을 펼치기도 했다. 그렇게 폭넓은 음악 활동을 넓혀가며 뮤지션이면 누구나 갈망의 대상인 〈MBC강변가요제〉 본선에 진출하는 등 내 음악 실력은 점차 인정을 받아가며 조금씩 가수의 꿈을 꿈꾸기 시작했다.

그런데 이렇게 가수의 꿈이 무르익어갈 때쯤, 덜컥 영장을 받게 되었다. 아직 할 일이 많이 있는데 군대가 내 가수의 꿈을 막는 것 같았다. 그렇게 군에 입대해 훈련병을 지내고 1116 야공단 부대에 발령받아 대기 중에 있을 때였다. 소문을 듣자 하니 2주일 후, 당시 인기리에 방영되던 〈우정의 무대〉의 녹화가 있다는 것이었다. 2주일 후면 이미 무대에 설 출연자들의 캐스팅은 끝났을 것이 뻔했다. 하지만 그 기회를 절대 놓치고 싶지 않았다. 정말 무대에 서고 싶은 마음이 굴뚝같아서 용기를 내어 주임상사를 찾아가 꼭 한 번만 출연하게 해달라고 빌었다.

내 노래를 들은 주임상사는 마음에 들었던지 나를 출연시켜 주셨다. 그때 내가 〈우정의 무대〉에서 불렀던 노래는 이상우의 '그녀를 만나는 곳 100미터 전'이었다. 캐스팅되어 열심히 준비했을 상병, 병장님이 그 무대의 주인공인데 이등병 신참 병사가 들어와서 함께 무대에 섰으니 지금도 죄송한 마음이 든다.

마케터로서의 자질은 이렇게도 키워진 것 같다. 작은 성취들을 쌓아 자신감과 확신을 얻은 경험, 반드시 해야 한다고 정한 것은 어떻게든 성사시켜보려 하는 의지. 음악을 하며 이룬 일들이 마케터로 성장해가던 것과 그 결이 크게 다르지 않다.

스포츠 마케터는 선수의 뒤에서 기획하고 일을 만들어내는 역할이다. 그러다 보니 나는 내세울 일이 없다. 숨은 존재가 되라는 의미는 아니지만, 욕심을 내려놓으라는 말이다. 내가 목표한 바에 솔직하게 다가가고 이루려 하는 성향이 선수들의 그것과 맞닿아 있는 것은 아니었을까 한다.

끝까지 남는 것은
진심뿐이다

　한 가지를 열심히 파면 결국 어디서든 길은 통한다는 말을 좋아한다. 동시에 곁길로 조금 새더라도 내가 가려는 곳이 어디인지 잊지 않는다면 결국 통한다는 말도 좋아한다. "모로 가도 결국 서울"이라는 말도 있지 않은가.
　어떻게든 가기만 된다는 식으로 많이 쓰이고 있기는 하지만, 내 경우에는 길을 가면서도 주변을 잘 살펴보며 챙기고 가다 보면, 결국 그 인연들이 나를 목적지에 데려다준다는 의미로 다가온다.
　대학을 졸업할 때가 되자 과연 어떻게 살아야 하는가에 대한 질문이 나를 심각하게 흔들었다. 하고 싶은 것은 확고했지만, 그 길을 위해서는 어떤 방향으로 나아가야 할지 확답이 서지 않았기 때문이었다. 내가 지금 해야 할 일은 무엇인가에 대한 진지한 고민, 체육학 분야에 더욱 매진해 박사 학위를 취득해야 하는가에 대한 질문, 계속 연구하고 가르치는 교수의 길을 걸었으면 한다는 은사님들의 조언 끝에 계속 공부를 하기로 결정을 내렸다. 배운 건 반드시 써먹고야 마는 성미를 지닌 나였기에 지금까지 살아온 나를 믿어보기로 한 것이다.

그렇게 대학에서 체육학을 전공한 뒤, 경영학의 마케팅을 체육학에 활용하고자 서강대학교 경영대학원에 진학했다. 체육학과에 진학해 경영학을 배울 수는 없는 노릇이었기 때문이다. 당시 체육학과 출신으로 서강대 경영대학원에 진학한 원생은 유일했을 것이다. 그렇게 서강대학교 경영대학원에서 마케팅을 공부하게 되었고 졸업논문 또한 〈우리나라 스포츠 마케팅 개선 방향에 관한 연구〉를 써냈다. 이와 관련된 자료들은 예상한 대로 무척이나 부족했고 해외저널, 연구논문, 학회발표 자료 등을 비롯해 국내 대기업 스포츠 마케팅 효과 등의 자료들을 구해 복사본을 가지고 다니며 그렇게 2년 반을 몰입했다. 당시 논문지도를 해주셨던 지도교수님께서 왜 여기에 와서 스포츠 마케팅과 관련한 논문을 쓰려고 하냐고 의아해하셨지만 나는 절실함으로 호소하며 공부해 나갔다.

하지만 체육학 마케팅이란 학문에 대한 공부도 물론 중요하지만,

학업만이 전부는 아니라는 생각은 일찌감치 갖고 있었던 것 같다. 내가 하고자 하는 일은 무엇보다 스포츠 선수들과 친분을 쌓아가는 것이 중요하다고 생각했다. 그들과 자연스럽게 친분을 쌓아가다 보면 분명 나를 믿어줄 것이라고 생각했다.

사실 그 시절, 경기대학교 배구부와 함께 동고동락하면서 두터운 친분 관계가 있기도 했지만 열심히 운동하고 성실하고 정이 많은 그들이 마냥 좋았다. 수업이 끝나자마자 숙소로 달려가 그곳에서 살다시피 했다. 내가 가진 용돈으로 선수들을 위해 간식을 사 가는 일도 다반사였다. 나 자신이 학업에 소홀히 하는 학생도 아니었으므로 선수들의 부족한 학업을 돕기도 했다.

무언가를 바라는 마음에서 한 것이 아니라 나 스스로가 마냥 좋아서 시작한 일이기에 숙소를 찾아가는 일은 내 즐거운 일상이 되었다. 내가 그들과 계약서를 만들어 도장을 찍은 일도 없었지만 나는 기꺼이 그들의 손과 발이 되기를 자처했다.

그렇게 하루하루 정을 쌓아가던 배구 선수들 사이에 나라는 사람은 어느새 믿음이 가는 친구, 후배, 그리고 선수들을 위해 항상 곁에 있어 주는 사람이라는 이미지로 각인되기 시작했다. 그때의 인연은 지금까지도 경기대학교 배구부 모임을 통해 이어가고 있다.

밖에서 보면 하겠다는 공부는 안 하고 공사다망하게 여기저기 참견하며 돌아다닌 것처럼 보이겠지만, 나로서는 결국 내가 가고자 하는 목표로 다가가는 또 다른 길 중 하나를 택해 간 셈이었다. 모든 길은 통한다. 내가 도달해야 할 곳이 어디인지 분명히 알고 흔들리지 않는다면 말이다.

스포츠 사업에도
브랜딩이 필요하다

    현재 IOC 위원회이자 대한탁구협회의 유승민 회장이 나를 찾아온 적이 있었다. IOC 위원으로서 전 세계를 다니며 절실히 느낀 바가 있다고 했다.

    선수들도 선수 생활을 그만두고 나면 가장 하고 싶은 분야가 스포츠 지도자일 테고 경기위원회, 심판위원회 등을 보면 가장 중요한 것이 스포츠 지도자인데, 지도자의 여건이나 환경 그리고 이를 양성하는 시스템이 아쉽다는 것이다.

    지도자 시스템이 확립된다면 트레이닝 방법이나 정보 같은 노하우를 서로 공유할 수도 있고, 종목이 서로 다르더라도 교류를 통해 발전시킬 수 있을 텐데, 이를 활발히 할 수 있는 방법이 없을까 고민이 된다는 것이다.

그렇게 해서 발족된 것이 바로 한국체육지도자연맹이다. 그러니까 이 한국체육지도자연맹을 내가 주축이 되어 이끌어달라는 청이었다. 지금은 이사장 직을 내려놨지만, 당시 그렇게 내가 연맹의 이사장을 하고 유승민 IOC 위원이 명예이사장을 맡게 된 것이다. 이 연맹을 시작하며 처음부터 목적이 무엇이었느냐면, 자생력 있는 단체를 만드는 것이었다. 명목상의 단체로 남지 않기 위해 가장 처음 한 것이 브랜딩 작업이었다.

당시 브랜드 디자이너인 최예나 대표를 만났는데, 스포츠 분야를 잘 모를 테니 길고 자세한 설명과 설득이 이어졌다. 체육지도자뿐만 아니라 은퇴 선수들의 의견을 적극 반영해 스포츠 산업에 도움이 되는 사업을 펼치려는 발족 의의에서부터 그렇기 위해 체육인들이 서로 경청하는 것을 바탕으로 직접 발로 뛰는 실질적 행동을 할 거라는 점까지 서로 진심을 나누는 시간이었다.

이 과정을 통해 심장이 뛰는 것을 상징하는 하트, 발로 뛰는 기획을 의미하는 신발 모양, 각 종목에 속한 지도자들의 소리를 듣는다는 뜻으로 귀를 로고 하나에 담았다. 한국체육지도자연맹의 색을 표현할 훌륭한 로고가 탄생한 것이다.

하지만 로고를 만든 데서 그친다면 우리끼리의 만족으로 멈췄을 수도 있다. 이제 이 브랜드를 알려야 한다. 마침 하나은행에 친구가 있었다. 한국체육지도자연맹이니 여기에 속한 회원이 있을 것 아닌가. 회원들이 활용할 수 있는 카드를 만들고, 그 카드에 이 로고를 적용하면 어떨까 생각했다.

카드라면 수수료가 있을 것이니, 이 수수료가 일정 금액 이상이 되면, 한국체육지도자연맹 산업에 지원하는 체계도 만들고 스포츠 산업에 실질적으로 기여가 되는 단체로 만들고자 다방면으로 뛰었던 기억이 난다.

단지 산업을 확장하고 지도자를 키우고 서로 교류를 도모하는 활동만 한 것은 아니다. 변화하는 사회 분위기에 발맞춰 지도자의 교육관과 사회적 감성을 학습할 수 있는 세미나도 열고, 코로나로 인해 침체된 분위기를 끌어올리기 위해 유승민 의원과 함께 김병지 감독을 비롯해 지도자들에게 연락해 챌린지를 통한 캠페인도 했다.

무엇보다 지도자들이 자신이 묵묵히 해온 일에 대한 보상이 필요하다고 생각했다. 보상이란 다른 것이 아니라 알아주는 것이다. 연말에 우수 지도자들을 발굴해서 시상을 했다. 큰 상은 아닐 수 있겠지만, 보이지 않는 곳에서 장애인들을 위해 열심히 뛰는 지도자도 있고, 초등학교, 중학교, 고등학교에서 열심히 가르치는 지도자도 있는데, 그런 스포츠 현장의 지도자를 발굴하여 시상하자는 분위기를 만들었다. 그냥 이 사람 주자, 하고 주는 게 아니라 분과위도 만들고 위원들의 추천을 받고 철저한 심사과정을 거쳐 공정한 시상식이 되도록 하였다.

이 상이란 것이 허례허식처럼 보일 수도 있겠지만, 누군가 내가 해온 것들을 봐왔고, 그걸 인정해주고 있음을 알게 되었을 때, 동기부여가 되는 모습을 목격했다.

스포츠 생산자에 속하는 스포츠 지도자도 잘 브랜딩 한다면 스포츠 산업 전반에 긍정적 영향을 미칠 것이다. 하루빨리 체계를 만들어 지원하고 우수한 환경을 조성하기를 바라지만 처음부터 너무 먼 일까지 계획하기보다 한 단계 한 단계 밟아 나가다 보면 다음 단계로 무엇을 해야 할지 자연스럽게 보인다.

기적은 일어나는 게 아니라
만드는 것이다

스포츠 마케터의 길을 걸어오면서 한 가지 깊게 깨달은 바가 있다. 기적은 일어나는 게 아니라 뛰어드는 것이라는 점이다.

어렸을 때부터 스포츠에 둘러싸인 환경에서 자란 나는 해외 프로 경기와 프로축구, 야구를 보면서 무엇을 하든 언젠가는 스포츠 산업에서 일하고 있을 것이라는 막연한 확신이 있었다. 스포츠 산업의 시스템을 이해하기 시작할 때부터는 배구 프로화를 만들 것이고, 프로배구판에서 일할 것이라 상상하고 다짐했다.

그리고 상상은 현실이 되었다. 대한배구협회를 찾아가 프로화를 만들겠다고 설득하고 협회 사무실 구석에 있는 창고를 사무실로 만들어 직원들과 밤 새워가며 프로화 작업에 매진했다.

　프로화 작업을 추진하면서 프로 출범 전에 세미 프로리그를 출범시키고 그 개막전과 행사를 주관했다. 제대로 된 행사의 꼴을 갖춘 체육관을 바라보며 프로화가 멀지 않았음을 생각하니 온몸에 전율이 올랐다.

　한국배구연맹이 탄생하고 프로화가 된 후 남녀 프로배구단의 마케팅과 이벤트를 대행하고 프로배구 개막식, 올스타전, 시상식을 총괄했다. 또한 광고, 후원, 협찬을 비롯해 프로배구 외국인 선수를 수입했다. 배구 시장 하나에서 일어난 일들이다.

　배구도 축구처럼 배구 산업으로 성장하길 진심으로 기원하고 바랐다.

　마케팅과 이벤트, 광고, 후원 등 뭐 하나 할 것 없이 많은 이들의 도움이 필요했다. 배구 프로화가 우리 스포츠 산업에 어떤 의미를 지니는지 설명하고 왜 필요한지를 피력했다. 프로화란, 곧 선수들에게는 운동에 집중할 수 있는 환경이 마련될 것이라는 뜻이고 이는 곧 질 높은 선수들, 양질의 경기력이 도모될 수 있다는 점에서 뜻 깊다. 또한 본격적인 상업화의 길이 열리면서 규모를 키울 수 있다. 재정적인 뒷받침 또한 달라질 것이다. 프로화가 진행되고, 꾸준히 좋은 방향으로 유지만 된다면 배구에 의미 있는 발전을 가져올 것이었다.

막연했던 다짐이 구체화가 되고, 그것이 단단한 행동력으로 이어지면서 현실이 되었다. 배구공을 만지며 잤던 어린아이가 프로배구 시장에서 일을 하고 있는 것이다.

과연 이 모든 과정이 저절로 내게 일어났을까? 아니다. 어떻게 하면 성사시킬 수 있을까, 그것 하나만 생각하면서 사람들을 만나고 도움을 구하고 설득하고 발로 뛰었다. 이렇게 해서 될까 안 될까 고민하고 망설일 틈도 없었다. 덧붙여 확신 없는 이에게 설득될 사람들은 없다.

이후 어려운 환경에 처해 있는 비인기 종목에 눈을 돌리게 된다. 복싱, 유도, 배드민턴, 탁구, 양궁, 태권도, 체조 등 국제대회에서 우수한 성적을 거두고, 올림픽 때만 반짝이는 종목들의 문을 노크해서 기업과 연결시키고, 마케팅을 논하고, 작은 도움이라도 되게 뛰었다.

기적은 만들어가는 것이다. 그리고 그 기적을 만드는 원동력은 긍정하는 힘에 있다. 안 되면 어떡하지 하고 움츠러드는 것이 아니라 될 것이라는 결론을 따라 추진력을 내는 것이다.

세계적 이벤트가 바로 기회!
스포츠 산업 발전을 위해

2030부산세계박람회 개최 여부가 연일 화제다. 부산 출신인 내게는 특별한 의미로 다가온다. 부산은 바다와 산을 함께 끼고 있고 먹거리도 풍부하여 방문지로서 즐거움을 만끽하기에 손색없는 곳이다. 당장 2024세계탁구선수권대회도 목전에 두고 있으니, 스포츠에 대한 관심도 크다.

그러나 시민들의 관심에 비해 스포츠 인프라가 아쉬운 것이 사실이다. 사직구장은 이제 물이 새고, 바퀴벌레가 나오고, 선수들 휴식공간도 부족하다. 반면 창원의 NC다이노스의 성과가 눈에 띈다. NC다이노스는 구단과 팬들에게 필요한 투자를 하고 운동할 환경을 잘 조성했다. 이것이 좋은 결과로 이어진 것으로 보인다.

인프라 확충의 첫 단계로 부산 지역을 연고로 둔 구단이 필요하다고 생각한다. 부산에는 야구에 롯데 자이언츠, 축구에 부산 아이파크가 있다. 투자자본수익률을 더 높이고, 극대화하려면 야구와 축구에 국한된 종목을 보다 다변화할 필요가 있고 그러려면 새로운 프로 팀의 창설이 시급하다.

프로 팀이 창설되면, 중계권 판매를 바라볼 수 있고 거기서 비롯되어 광고, 스폰서십을 유치하는 한편 입장권을 통한 수익창출도 가능하다. 프로 팀 창설로 인한 부가가치는 선수를 비롯하여 스포츠 산업 전체로 뻗어나가는 그림을 그려보는 것이다.

부산의 스포츠 인프라 확대라는 큰 그림을 그리고 이에 다가설 기획을 실행시킬 스포츠 마케팅 인재가 등장하길 고대한다. 번뜩이는 아이디어와 마케팅, 실행 이 삼박자가 잘 맞아 떨어져야 한다.

선수를 위한 마케팅, 스포츠 산업 전반에 필요한 크고 작은 이벤트, 업계 활성화를 위한 아이디어 등에 물심양면 힘을 쏟으며 깨달은 것은 바로 저변이 탄탄한 스포츠 산업의 확장이었다.

스포츠란 엘리트 체육인만을 위한 것이어서는 안 된다. 생활체육으로서 클럽 문화가 활성화되어야 하고, 스포츠가 일상에 스며들면 시민중심형 스포츠로, 인지도와 재정도 보다 탄탄해질 것이라 믿는다. 누구나 쉽게 스포츠 활동에 참여할 수 있는 시스템, 새로이 부산에 스포츠 문화가 자리 잡을 수 있는 분위기를 조성하여 시민들이 스포츠를 함에 있어 그 만족도가 높아질 수 있도록 해야 한다.

　부산이 세계탁구선수권대회라는 빅 이벤트를 성공리에 개최하기를 전 국민이 응원하고 있다. 이러한 세계적인 이벤트가 부산을 대한민국의 일류 도시, 명품 도시로 발돋움시킬 기회가 되기를 간절히 기원해본다.

다시 일어서는 힘

어릴 적 어머니를 따라 충북 단양 소백산에 자리한 천태종의 총본산인 구인사(救仁寺)를 다니곤 했다. 어린 나는 어머니의 치맛자락을 붙든 채 버스를 타고, 나룻배를 타고 소양강을 건너 진득한 길을 걷고 걸어 그렇게 힘겹게 절에 다니곤 했는데 도시의 아스팔트만 걸었던 내게 그 흙길은 생경함 그 자체였다. 그래서 때로 어머니께 업어달라고 조르기도 했다.

물안개가 자욱한 소양강을 건넌 후 한참이나 걸어 구인사에 도착하면 오지라고 느꼈던 그곳에 사람이 무척이나 많은 것이 그렇게 놀라울 수가 없었다. 내게는 수천 명이라고 여겨지는 그 많은 사람이 모두 나처럼 그 진득한 흙길을 힘들게 걸어왔을 것이 아닌가. 어릴 때라 정확히 기억나지는 않지만, 그때 내가 어머니에게 이렇게 말했다고 한다. "이 많은 사람들에게 구두를 팔면 되겠다."라고 말이다. 제화업을 하는 어머니가 어린 아들의 말을 듣고 얼마나 놀랍고 기가 막혔을 것인가. 어린 내 눈에는 흙길을 오래 걸어 신발이 더러워지고 망가졌을 것이니 그 사람들에게는 무엇보다 구두가 가장 필요할 것이라 느꼈던 것이다.

제화점의 쇼윈도 안에 진열된 구두들을 보며 웃음을 띠고 가게에 들어와 마음에 드는 구두를 사며 흡족해하는 사람들의 모습, 나는 그런 사람들의 웃는 모습을 보는 것이 좋았다. 구두를 만들던 공장 사람들의 망가진 손도 떠오른다. 본드 때문에 손톱이 빠지기도 하고 기형적으로 변하기도 한 그들의 손. 하지만 그 투박한 손들이 만들어내는 예쁘고 멋진 구두를 보면 얼마나 행복했는지 모른다.

어머니는 유능한 경영자로서만 아니라 직원들을 가족처럼 챙기는 자상한 오너이기도 했다. 어머니는 직원들의 생일을 모두 기억하고 계셨고, 그때마다 설탕이나 미원 등의 생필품을 선물로 내어주셨다. 남을 축하하는 것에 마음을 아끼지 않아야 한다는 것을 나는 어머니에게서 배운 것 같다.

이후 제화업이 부도가 나고 부모님이 잠시 감나무집이라는 가든 식당을 운영하신 일이 있다. 중학교 때부터 주말이면 식당에 나가

음식을 직접 나르기도 했는데, 주말이면 식당에 가서는 "어서 오세요."를 외치며 손님을 맞이하고, 계산대에 앉아서 장부에 불고기 몇, 수육 몇 하는 식으로 메뉴를 적고 팔린 수를 적었다. 바를 정(正) 자가 하나하나 완성되는 것도 바를 정이 하나씩 늘어나는 것도 내게는 즐거움이었다.

    주말이면 어린 중학생이 손님을 맞이하고, 배웅을 하니 단골손님들이 알아보는 일도 있었는데, 어린 학생이 부모님 일을 돕는다는 것이 기특했는지, 머리를 쓰다듬어 주시곤 하던 일이 떠오른다. 당시 식당에서 보내는 시간을 비롯해 내가 하는 일들에 대해 모든 시간을 의미 없다 생각하지 않았다. 예를 들어 아버지의 담배 심부름조차 내게는 자기계발의 한 기회처럼 여겼던 기억이 난다. 그때는 아버지께서 담배를 워낙 많이 피셨는데, 오히려 운동이 되겠지 생각하며 이번엔 몇 분 내로 다녀와야지 하며 초를 재며 뛰어 갔다왔다.

    그때의 기억 때문인지 세차장에서 일할 때도 차가 한 대 들어왔다가 나갈 때마다 바를 정을 새기며 수를 세었다. 그러니 바를 정이란 글자가 내게는 보다 특별한 의미로 다가오는 것이다. 가끔은 이 글자를 나보다 더 많이 써본 사람은 없지 않을까 생각한다.

    나는 제화점도, 식당도 사람들이 북적거리는 것이 좋았다. 매일 새로운 사람을 만나고 사람에게 가장 중요한 음식을 다루어 돈을 번다는 것이 의미 있게 여겨졌다. 손님이 들어오면 "어서옵쇼!"를 누구보다 능숙하게 잘 외치기도 했다. 어릴 때부터 이런 상거래에 관심이 많았던 것을 보면 돈을 많이 벌고 싶은 욕심이 있었던 것일까.

어쨌든 어릴 때부터 정성 들여 만든 물건을 판다는 것, 그리고 그 물건을 사기 위해 많은 사람이 북적이는 것을 보며 자라와 익숙했기 때문인지, 내 안에 마케터의 피가 흐르고 있었던 것인지는 설명할 수 없지만, 나는 대중들이 좋아할 만한 것을 만들어내고 그로 인해 사람들이 즐거워하는 모습을 볼 때마다 참 행복하다. 내가 좋아하는 스포츠에 마케팅을 더해 스포츠 마케터가 된 지금, 나는 더할 나위 없이 행복한 길을 걷고 있다.

함께 하는 기쁨이
마케팅의 기본

　지금 생각해보면 내가 무언가를 배우겠다고 했을 때 부모님이 반대하지 않으시고 순순히 승낙해주신 이유를 알 것 같다. 귀한 외동아들이라고 해서 마냥 다 받아주시는 부모님은 아니었기 때문이다. 친구를 따라 웅변을 배우기 시작했지만 얼마 지나지 않아 그 친구보다 웅변을 더 잘하게 되었고, 각종 웅변대회가 참 많던 시절, 학교 대표로, 급기야는 부산 대표로 대회에 나가기도 했다.

　이런 나의 노력과 크고 작은 결실들이 열심히 사시던 부모님에게는 삶의 작은 행복과 자랑이 아니셨을까. 전국 웅변대회라는 큰 대회에 참가한 키 작은 아이가 단상에 올라서서 5분 남짓한 원고를 전달하며 "이 연사, 이렇게 외칩니다!"를 당돌하게 외치는 내 모습을 바라보시던 부모님의 눈빛을 지금도 잊을 수가 없다.

그때 배운 웅변 덕분인지 나는 지금도 낯선 사람을 만나 설득하는 일에는 누구보다 자신 있다. 내 의견을 전달하는 것뿐 아니라 다른 이의 뜻도 잘 전달하여 상대와 상대를 화합시킬 수 있는 협상가의 기질 또한 그때 웅변을 배운 덕분이 아닐까 생각한다.

한 회사의 대표로 일하면서 한 번도 경쟁에서 져본 적도 없거니와 원하던 오더를 한 번도 따내지 못한 적이 없다. 자신감을 가지고 열심히 덤비는 일에서 '성공'이라는 열매를 얻게 되면 그것은 더 큰 자신감으로 돌아오는 법이다. 나이가 든 지금도 강한 부산 사투리 억양은 고치지 못했지만 일에 관한 관계자들과 좋은 인연을 맺을 수 있는 것은 어릴 때부터 몸에 익힌 자신감과 당당함을 무기로 철두철미하게 준비하기 때문에 얻은 결과일 것이다.

어릴 때 미술학원에 다니겠다고 자처했던 것도 내가 가진 재능 중 하나였던 모양이다. 그때 학창 시절에는 해마다 환경미화 심사라는 것이 있었다. 환경미화 심사 때가 되면 나는 마음이 바빠지고 설레기 시작했다. 선생님께서 내게 지시한 적은 없지만 학습미화 공간을 꾸미는 일은 언제나 내 몫이었다. 우리 반이 환경미화 1등 학급이 되기 위해 나는 전력을 쏟았다. 토요일과 방과 후는 물론 일요일에도 학교에서 살다시피 하며 우리 반을 멋지게 꾸미는 데 정성을 기울였다.

누가 시키지 않아도 우리 반을 위해 그렇게 나섰던 탓인지 다른 반 선생님들까지 나를 인정해주시고 예뻐해주셨던 기억이 선하다. 나는 그렇게 어릴 때부터 내가 오지랖 넓은 사람이 될 것을 알았는지도 모른다.

물론 학생이니 공부를 열심히 해 우등상을 타는 것이 더욱 자랑스러운 일일지도 모르겠다. 하지만 나는 어쩐 일인지 우등상을 타는 것보다 우리 반, 우리 팀이 1등을 하고 인정받는 것, 그런 결속력을 더 중요하게 생각했다.

나 혼자 열심히 해서 내가 칭찬을 받는 일보다는 내가 좋아하는 친구들과 함께하여 상을 받고 칭찬받는 것이 더 좋았던 것이다. 그런 성향은 타고난 것일까. 어른이 된 지금도 좋아하는 사람들과 함께 일하는 것이 더없이 즐겁기만 하다. 세상은 나 혼자 살아가는 것이 아니라 더불어 살아가는 것이라는 명제를 어린 내가 깨달았을 리는 만무하다.

그래서 주변의 누군가가 성공을 했고, 부자가 되었고, 사업이 승승장구한다는 소식을 전해들을 때마다 내가 이룬 것인 양 그렇게 기쁠 수가 없다. 진심으로 축하해주고 함께 기뻐하는 나를 볼 때마다 생각한다. "사촌이 땅을 사면 배가 아프다."는 것은 나와는 거리가 먼 속담일 뿐이다.

시련을 밑거름으로
만들 줄 아는 태도

　중학교 때 일이지만 지금도 어제 일처럼 생생하게 기억하고 있다. 사람이 살면서 겪고 싶지 않은 일 중 하나, 그것을 나는 중학교 때 겪게 된 것이다. 부유하게 살며 하고 싶은 일은 모두 다 누리고 살아오던 내게 이런 일이 생길 줄은 꿈에도 몰랐다.
　여름 지리산으로 보이스카우트 야영을 다녀오자 어머니께서 나를 부르셨다. 어머니의 안색으로 보아 좋지 않은 일임은 분명했다. 그것은 내가 예상했던 것보다 훨씬 더 가혹한 일이라는 것을 짐작했다. 내가 예측 가능한 일을 뛰어넘은 것이다. 조용히 나를 부르신 어머니가 빈 도시락통과 교과서 등의 책들을 싸주셨다. 학교에 다니기 위해 필요한 물건들을 싸주시는 까닭이 무엇인가. 한 번도 겪어보지 않았지만 당장 코앞에 불길한 일이 벌어질 것이라는 것을 직감했다. 그런데 어머니는 "걱정 마라."라는 한마디만 하시고 나를 떠나 보내셨다.

송도중학교에 다니던 시절, 나는 그렇게 집의 부도로 인해 친구 네 집으로 보내졌다. 우리 집에 불어닥친 좋지 않은 모습을 내게 보이지 않으시려 나를 보내기로 결정한 것이었다. 지금의 상황을 믿고 싶지 않았고 견디기가 너무나 힘들었다. 내가 무척이나 부유하게 자란 탓에 버릇없이 클까 봐 일부러 고난을 만든 게 아닐까 하는 생각을 해보기도 했고 이 모든 것이 거짓말이기만을 바랄 뿐이었다. 방학이 끝나고 개학을 하여 활기찬 새 학기가 시작되었는데도 며칠째 가족을 만나지 못하는 것이 내게는 너무 힘든 현실이었다.

내가 철이 들기 시작한 것은 그때부터였던 게 아닐까 한다. 친구가 학교에서 돌아올 때까지 갖은 잡념에 휩싸여 있던 중 어머니와 절에 부지런히 다니던 기억이 떠올랐다. 그리고 종교의 힘에 대해 생각하기 시작했다. 지금 내가 할 수 있는 것은 무엇일까. 상황은 변하지 않을 테니 마음의 평정을 얻어야겠다는 생각이 들었고 친구가 올 때까지 동쪽을 바라보고 절을 하기 시작했다. 어린 내가 숙연한 자세로 정성스럽게 절을 하는 모습을 누가 보았다면 어떻게 생각했을까. 그만큼 나는 내게 닥친 문제가 하늘이 무너질 듯 힘들기만 했다. 그때의 내가 그렇게 절을 하며 빈 것은, '우리 가족 모두 한 지붕 아래에서 살게 해주세요!'와 '공부 열심히 해서 훌륭한 사람이 될 수 있도록 해주세요!'였다. 얼마나 간절한 마음이었는지 지금도 생생하게 떠오른다.

불안하고 슬픈 마음은 점심시간에 분출되고 말았다. 친구 어머니가 싸주신 도시락 뚜껑을 여는 순간이었다. 도시락통은 분명 내 것이었지만 도시락 안에 든 밥 냄새는 어머니가 항상 싸주시던 그 도시락이 아니었다. 도시락밥 냄새가 나를 울리고야 만 것이다.

어머니는 아버지와 함께 사업을 하는 분으로 항상 바쁘셨지만 우리 도시락만큼은 항상 새벽에 일어나 새 밥을 지어 담아주셨다. 밥 냄새가 다르다는 것을 느끼는 순간, 내가 처한 환경이 달라졌다는 것, 어머니가 언제 다시 도시락을 싸주실지 모른다는 것, 내겐 무척이나 익숙했고 당연했던 것들이 달라지고 있다는 것, 여러 가지 생각으로 결국 도시락을 다 먹지 못하고 뚜껑을 닫아버렸다.

이 외로움과 어려움을 꿋꿋이 버티고 있던 나였지만 그 마음을 끝까지 다스리기는 매우 어려웠다.

사춘기 시절, 내게 닥친 환경의 변화는 사소한 것 하나하나에서 체감할 수 있었고, 그 사소한 체감들이 쌓여감에 따라 이제 내가 변해야 한다는 것을 아주 느리게 수긍해갔으며 새로운 시간에 적응해가기 시작했다.

달라진 환경을 받아들이기로 하고 심호흡을 하기 시작했다. 그전에는 비교적 부유한 친구들, 깨끗한 옷을 잘 다려 입고, 좋은 필기도구를 가진 친구들과 어울려 다녔던 나인데 주위를 둘러보니 나와는 지내왔던 환경이 조금 다른 아이들이 보이기 시작한 것이다.

등교 전에 이미 신문 배달을 하고 오는 친구도 있었고, 부모님의 세세한 관심을 받지 못한 탓에 손톱 밑이 새카만 친구, 물려받은 낡은 교복을 입은 친구, 학교가 끝나면 곧장 집으로 향하기보다 만화가게에서 노는 친구, 더러 싸움질하는 친구들에게 자연스럽게 관심을 갖게 되었고 그들과 친해지기 위해 나의 마음을 조금씩 열었다. 나의 진심이 통한 것인가? 우리는 꽤 짧은 시간에 가까워지고 그들도 나에게 마음을 열고 관심을 갖게 되었다.

힘들었던 그 시절, 내가 마음을 터놓고 지내며 내 아픔을 치유할 수 있도록 함께해준 그들은 나와 친한 벗이 된 것을 좋아했고, 오히려 나는 나와 함께해주는 그 친구들이 있어서 매우 고마웠다. 새롭게 사귄 친구들과 또 다른 행복을 느끼며 지내던 시절, 어린 내가 느낀 것은 바로 이것이었다. 사람과 사람이 손을 잡고 함께 나가면 이루지 못할 게 없다는 것!

그런 친구들과 어울리며 장난을 치다 선생님께 들켜 벌을 서는 것이 하루 일과가 되어버리기도 했지만, 내게는 더없이 소중하고 즐거웠던 추억으로 남아 있다. 환경의 변화로 인해 내가 엇나갔다고 생각하면 오산이다. 오히려 나는 내 안의 또 다른 나를 발견했다. 그동안 무엇이든 잘해야 한다는 압박감을 그 친구들이 해방시켜 준 것이고, 그런 과정에서 새로운 내가 되어가고 있었다. 어른이 된 지금까지도 그 친구들과 자주 소식을 전하고 만남을 이어오고 있다. 중년이 된 우리는 여전히 즐겁고 반갑다.

나만의 좋은
습관을 길러라

좋은 일, 의미 있는 일을 하기 위해서는 가장 먼저 좋은 습관 또는 취미를 가지는 것이 중요하다. 내가 바쁜 일상을 보내느라 여유가 없을 거라고 생각하는 지인들이 많지만 사실 나는 여행을 즐긴다. 여행을 떠나 낯선 곳에서 마주하는 낯선 환경은 내게 샘솟는 아이디어를 주는 일이 많다.

매일 만나는 익숙한 곳에서 새로운 아이디어를 찾기란 매우 어려운 일이다. 다람쥐 쳇바퀴 돌듯 매일 같은 시간 같은 장소에서 같은 일을 하는 것만큼 지루한 일이 어디 있을까. 가끔은 바쁜 일을 뒤로하고 여행을 떠나보면 낯선 풍경 속에서 뜻밖의 아이디어를 얻게 되기도 한다.

두 번째, 음악을 듣는 일만큼 즐거운 일은 없을 것이다. 내가 좋아하는 음악을 듣노라면 하루의 피로를 풀게 되고 때로는 위로가 되고 때로는 용기를 얻게 된다.

세 번째, 일상에서 운동하는 습관을 들이는 것이다. 지인들과 함께 하는 운동은 삶의 스트레스를 잊게 하는 데 큰 역할을 한다. 운동이란 체력을 단련하는 것이지만 나는 그보다 정신을 놓지 않기 위해 운동에 매진하곤 한다. 거친 호흡을 내면서 운동을 하면 몸 안의 노폐물이 제거되며 나태해진 정신을 바로잡을 수 있다.

네 번째는 작은 것에도 기뻐하고 감사해야 한다는 것이다.

마지막으로 내게 주어진 인연을 소중히 해야 한다. 새로운 만남은 또 다른 배움을 얻게 되는 법이다. 사람을 대할 때는 상대의 단점을 찾기보다 장점을 발견하고 그것을 배우며 실천에 옮겨야 한다. 사람을 만나게 되면 연락처를 공유하고 그 사람의 특이사항과 소개해준 사람을 기록하여 다시 만났을 때는 반드시 그 기억을 꺼내어 인연으로 만들어낸다. 나는 사람을 만날 때면 항상 악수를 하고 때로는 포옹을 하며 반가운 얼굴로 사람을 대한다. 사적이나 공적이나 많은 사람을 만나지만 나는 한 번도 상대방을 허투루 대한 일이 없다. 인연의 소중함을 누구보다 잘 알기 때문이다.

나를 지지해주는
든든한 마음들이 있다

서울 외삼촌 댁에 살고 계셨던 외할머니는 누구보다 내게 사랑과 정성을 쏟아부어 주셨던 분이다. 외할머니를 떠올리자 할머니가 항상 입고 있으시던 일명 몸빼바지와 쪽진 머리가 떠오른다. 방학이 되면 우리는 서울 외삼촌 댁으로 가서 지내곤 했다.

돌이켜 보면 방학 때마다 우리를 보살펴주시고 챙겨주시던 외숙모는 얼마나 힘드셨을까 생각이 든다. 하지만 외숙모는 힘들다는 내색은커녕 한결같은 마음으로 우리를 돌봐주셨다. 외삼촌 가족이 여행을 갈 때마다 당연한 것처럼 항상 함께 따라다녔고, 외삼촌 친구들에게 용돈까지 받으며 지낼 정도였으니 내가 끼친 폐는 오죽

했으랴.

 외삼촌 댁에서 지내는 동안 외할머니는 내게 무엇 하나라도 더 먹이고 쥐여주시려 항상 전전긍긍하셨다. 사촌 동생이 자기는 왜 안주냐며 서운함을 드러낼 때도 있었지만 외할머니는 아랑곳하지 않으셨다. 서울에서 지내며 얻은 용돈은 액수가 꽤 커지기도 했는데 부산으로 돌아가는 기차 안에서 행여 그 돈을 잃어버릴까 봐 외할머니는 내 옷 속에 천을 대고 주머니를 만들어 그 돈을 넣은 후 단단하게 꿰매어주시곤 했다. 외할머니가 바느질하는 모습은 그야말로 지극정성 그 자체였다.

 그리고 친구 집과 고모 댁에 얹혀 살던 때도 있었다. 고모 또한 그리 넉넉한 집은 아니었고 사촌들도 적지 않았지만, 우리 네 남매까지 지낼 수 있도록 해주셨다. 친할머니가 아침마다 손수 도시락을 싸주셨는데 학교에서 돌아오면 할머니는 밥상을 차려주시며 갈치조림의 가시를 일일이 발라서 내 밥에 얹어주곤 하셨다.

 이렇듯 두 할머니에게 받은 사랑으로 나는 어려운 때를 잘 버티며 빗나가지 않고 나 자신을 바로잡으며 지낼 수 있었다. 평생 내가 무엇을 가지고 살아야 하는가에 대해 말없이 깨닫게 해주셨고 무엇이든 지극정성을 다 하면 못 할 일이 없고 후회 또한 없다는 것을 알려주셨다.

Part 3

스포츠 마케팅은
결국
사람의 일이다

일러두기

3장과 4장에 수록된 글 일부는 2020년 11월부터 2021년 12월까지 〈주간경향〉에 연재된 칼럼으로, 책에 맞는 형태로 재편집하여 실었습니다.

목적을 이루는 길이
하나만은 아님을

컬링, 스노보드, 스켈레톤 같은 종목은 동계올림픽에서 두각을 나타내면 순식간에 온 국민의 큰 관심을 받는다. 안타까운 점은 이런 종목들이 그때만 반짝 시선을 모으고 그 시기가 지나면 금세 국민들의 관심에서 멀어진다는 사실이다. 소위 비인기 종목으로 분류되는 스포츠의 비애다.

전 스켈레톤 국가대표 김준현 선수를 만났다. 그는 2017년 IBSF 북아메리카컵 남자 스켈레톤 종합 2위를 했던 기대주였다. 비록 올림픽 메달의 꿈을 이루지 못하고 은퇴했지만, 코치로, 해설위원으로, 스포츠 행정가로 제2의 뜨거운 인생을 살고 있다.

오랜 시간 선수생활 경험을 가진 그는 선수와 지도자들이 얼마나 열악한 환경에서 훈련하고 꿈을 키워가는지 누구보다 잘 알고 있으며 고된 환경에 좌절하기보다 스켈레톤을 향한 애정으로, 어떻게 낙후된 환경을 보다 좋게 바꿀 수 있을까를 끊임없이 고민한다.

그런 고민 끝에 그는 자신이 하고자 하는 꿈을 이루기 위한 현실적인 대안으로 유승민 국제올림픽위원회(IOC) 선수위원이 몸 담고 있는 국제스포츠 전략위원회에서 인턴 근무를 하며 경험을 쌓았다. IOC 위원 활동, 각종 스포츠 국제회의, 관계자들의 폭넓은 인터뷰 등 공사다망하게 움직이는 유승민 위원의 활동을 옆에서 지켜보며 스포츠 행정가를 더 꿈꾸게 됐다는 그의 말을 들으니, 대한민국 스포츠계가 든든한 기둥을 얻은 것 같아 자못 뿌듯하다.

꾸준하지 않은 관심이 아쉽다는 말보다 "우리가 계속 노력해야 하는 부분이 있다."며 자기 자신을 돌아보는 김준현 코치. 그를 보며 목표에 다다서는 길이 한 가지만 있는 것은 아님을 실감한다.

그는 JTBC 〈뭉쳐야 찬다2〉에 출연하면서는 방송에 나오면서 자신을 통해 스켈레톤 종목이 재조명 받을 기회가 생길 수도 있겠다, 생각했다고 한다. 그를 보며 의지와 목표가 분명할 때 한 사람이 얼마나 빛날 수 있는지 깨닫는다.

시간은 흐른다.
사람의 시야도 넓어져야 한다

신영철 서울 우리WON 프로배구단 감독은 현역 시절 '컴퓨터 세터'로 불렸다. 한국이 월드리그 6강에 들었던 1995년을 비롯해 그는 수차례 월드리그 세터상을 수상했다.

은퇴 후 LG화재 그레이터스 배구단에서 지도자 생활을 시작해 인천 대한항공 점보스를 준우승까지 끌어올린 성과도 있다. 지도자로 변신하여 수차례 약팀을 맡으면 우승권 전력으로 끌어올려 지도자로서 탁월한 능력이 있음을 증명했다.

신영철 감독은 한국전력, 삼성화재 두 구단에서 선수로서도, 각각 감독과 코치로서도 부임해 활약하며 선수일 때와 지도자일 때 어떻게 생각이 달라졌는지 회고한다.

선수일 때는 플레이를 보며, 저렇게 하면 안될 텐데 혹은 이렇게 했으면 경기가 달라졌을 텐데 하고 생각했다면, 지도자일 때는 좀 더 깊이 있게 다방면으로 고려해야 한다고 하니 확실히 지도자 입장은 마음이 편치 않다고 한다.

감독으로서는 '그 선수가 왜 그랬을까? 원인이 뭘까?' 등을 이해하고 답을 찾아가야 한다. 혼자 머릿속으로 생각하는 것만으로는 답을 얻을 수 없다. 선수와 소통을 많이 해야 제대로 된 대응이 가능하고, 묻고 답하는 데에 그치는 것이 아니라 둘 사이에 공감대가 형성되어야 진정한 소통이 가능하니, 지도자로서는 그만큼 심적으로도 에너지를 많이 쏟는다.

그는 공감대를 바탕으로 선수 눈높이에 맞춰 소통하여 선수 스스로 생각하고 바뀔 수 있게 해야 한다고 말한다.

"생각이 바뀌어야 행동이 바뀌고, 행동이 바뀌어야 인생이 바뀐다."

신영철 감독이 선수들에게 강조하는 말이다. 그는 배구감독으로는 드물게 박사 학위를 취득하기도 했다. 심리적 접근을 통해 선수에게 접근하고, 트레이닝 방법론을 연구해 논문을 쓰고 스포츠심리학 세미나에 참여하는 등 공부를 게을리하지 않는다. 현재에 안주하지 않고, 끊임없이 고민하고 그에 대한 해결책을 찾고 연구하는 그의 시선은 배구의 발전에도 향해 있다. 시간이 흐르고, 입장이 바뀌니 바라보는 시야가 넓어지며 더 큰 목표를 바라보는 것이다.

최근 김연경 선수의 스타성과 그의 걸맞은 활약에 더불어 국민들의 관심이 뜨거워지고 자연스럽게 여자 배구의 인기가 많이 올라왔다. 하지만 오르막이 있으면 내리막이 있게 마련이기에, 그는 이 열기가 끝나고 이후의 배구 현장을 늘 염려한다. 그는 현 베테랑 선수들이 하나둘 은퇴하기 시작하면서 협회나 구단 차원에서 '어떻게 다음 세대를 이끌어 갈 것인가'에 대한 답을 마련하는 것이 중요하다고 생각한다.

신영철 감독은 그렇기 위해서 선진국 같은 스포츠클럽 활성화가 그 방향이 될 것이라고 한다. 특히 배구처럼 접근성이 높지 않은 스포츠는 그 저변을 확대하는 데 어려움이 있다며 시민들 일상에 스며드는 스포츠클럽 활성화와, 동시에 선수와 지도자를 함께 육성해야 한다고 말한다. 그는 또 배구에 기여하는 또 다른 일로, 중·고등학교 배구선수들을 지원하기 위해 자신의 주머니를 털어 "신영철 세터 상"을 만들었다.

스스로 배구로 지금까지 커왔고, 거기서 행복을 맛본 만큼 자신이 배구를 하며 받은 사랑과 행복을 자신의 방식으로 돌려줄 뿐이라고 말하는 신경철 감독을 보면서 의미 있는 선순환이란 무엇인가를 새삼 깨닫는다.

남과 같이 해서는
남 이상이 될 수 없다

"남과 같이 해서는 남 이상이 될 수 없다."

1996애틀랜타올림픽 유도 금메달리스트, 유도 세계선수권 3연패의 유도 천재 전기영 교수의 좌우명이다. 이 말은 고등학교 2학년 때 전기영 교수의 아버지가 방 벽에 걸어두신 말인데, 그는 지금처럼 성장하기까지 부모님의 영향과 도움이 적지 않았다고 이야기한다.

유도에 처음 발을 들인 계기는 대단한 것은 아니었다. 초등학교에 다닐 때 유도부 학생들이 흰색 도복을 정갈하게 개어 어깨에 메고 가는 모습이 그렇게 멋있어 보일 수가 없었단다. 마침 한판승에 매료돼 유도를 관심 있게 봐오던 때였다. '아, 저거다'라는 느낌에 부모님과 상의도 하기 전에 무작정 유도실에 찾아가 선생님을 뵙고, 유도가 하고 싶다고 말씀드렸다.

할아버지도 운동을 하셨고, 아버지도 그 영향을 받으셨는지 씨름과 유도를 하셨다 하니 그가 운명처럼 유도에 발을 들이게 된 것은 오히려 자연스러운 일이 아니었을까 싶다.

업어치기의 사나이라고도 기억되는 그는 그 좌우명을 훈련에도 투영한다. 같은 훈련을 반복하는 것도 더없이 중요한 일이지만, 타성에 젖지 않기 위해 자기 나름의 창의력을 발휘해서 같은 업어치기라도 조금 다르게 훈련해보곤 했다. 그의 전매특허인 왼쪽 업어치기는 그런 훈련 과정 중에 탄생한 것이다.

그는 은퇴 후 교수로, 경기위원으로 국제 심판의 관리, 감독으로 공사다망한 나날을 보냈다. 심판을 관리, 감독하는 슈퍼바이저는 전 세계에 여섯 명뿐인데, 그중 한 명이 전기영 교수이니 그가 선수 생활을 하며 성취한 일들이 우리나라 유도의 위상을 드높였다는 데에는 이견이 없을 것이다.

많은 체육인들이 그렇듯, 그 역시 유도가 생활 체육의 일부로 자리 잡기를 원하는데, '유도' 하면 '부상' 위험을 먼저 떠올리는 것을 안타까워하고 있다. 오히려 유도를 통해 인성이 함양되고, 신체 건강에 더 도움이 된다는 식의 마케팅이 필요함을 강력히 피력한다.

어떤 유도인으로 기억되고 싶느냐는 질문에 그저 '업어치기의 전기영'으로만 기억되면 좋겠다는 그의 소박함이 인상 깊다.

오로지 한 명에게만 주목되는
역도의 매력

역도를 "정착하지 않는 멍게"라고 정의하는 이가 있다. 지금은 지도자의 길을 걷고 있는 이배영 종로구청 여자역도단 감독이다. 2004년 아테네올림픽 은메달리스트, 2008년 베이징올림픽 66킬로그램급 역도경기의 금메달 후보였던 그는 '미소천사'라는 별명처럼 환한 웃음으로 이야기를 시작했다.

그냥 멍게면 멍게지 정착하지 않는 멍게란 무슨 뜻일까? 그는 "역도 자체가 스포츠 종목에서 가장 기본"이라고 운을 뗐다. 우리가 보기에 활동성도 없어 보이고 영원히 그 모습 그대로일 것만 멍게이지만, 실은 뇌가 있는 생물이라고 한다. 움직이고 있을 때는 그

뇌를 쓰고, 바위에 정착하고 나면 뇌를 에너지원으로 써버린다. 이배영 감독은 정착하는 순간 바보가 되어버리는 멍게를, 멈추는 순간 더 이상의 발전은 없는 스포츠인의 삶에 비유한다.

다른 스포츠도 다르지 않겠지만, 더구나 역도란 무거운 바벨을 계속 들어올려야 하는 운동이라, 아무래도 부상 위험이 크게 느껴진다. 이배영 감독은 자신도 팔만 네 번을 다쳤다고 하며, 많이 다쳐본 만큼 다치지 않는 방법을 찾기 시작했다고 말한다. 무엇보다 다쳤을 때 '이유가 있을 것'이라고 자기 자신을 돌아봤다는 이야기가 인상 깊었다.

"단순히 무게를 들어 다쳤다고는 생각 안 했습니다. '이유가 있을 것이다. 왜 저 사람은 안 다치고 나는 다치는 걸까.' 열심히 보강해 괜찮았다면 거기서 끝났을 텐데."

그는 다치지 않기 위해 보강 운동을 했으나, 보강 운동을 많이 하고도 다쳤다며, 근본적인 이유가 여기에 있지 않았다는 데에 생각이 닿았다고 한다. 그래서 도달한 결론이 바로 자세. 바벨을 들어 올릴 때 팔 위치가 잘못됐음을 깨닫고는 자세를 고쳐 바르게 들어 올리는 연습을 했는데, 그게 팔이 네 번 부러지고 난 스물한 살 때라고 한다.

몸에 들인 습관이란 쉽게 바뀌는 것이 아니다. 가늠하기도 힘든 그 피나는 노력은 물론이거니와, 근본 원인을 파고드는 영리한 집요함에도 감탄이 일었다.

훈련할 때는 몸이 반사적으로 움직일 수 있도록 해야 하고 마인드컨트롤도 동반되어야 한다는 그는 "훈련은 전쟁, 올림픽은 축제"라는 말로 지옥 같은 훈련 뒤로, 즐기는 실전이 있음을 전한다.

이배영 감독은 지도자가 되면서 그 사람의 마음뿐 아니라 몸도 같이 움직이게끔 만드는 일이 중요하다는 걸 깨달았다고 한다. 감독의 입장으로 생각하고 지도는 하는데, 정작 실행자는 선수가 되어야 하니 자연히 잘 전달할 수 있는 일에도 역량이 필요함을 알았다는 것이다. 덕분에 표현력이 좋아졌다고 웃으며 말하는 이 감독을 보니, 역시 미소와 긍정이 함께하는 스포츠인이라는 생각에 나 역시 절로 좋은 기운을 받아가는 듯했다.

덧붙여 지도자가 어느 정도의 인성과 지식을 갖췄는지에 따라 선수들의 훈련 환경이 많이 바뀐다고 하며, 선수의 환경 개선을 위해 지도자 역시 인간관계나 인성, 지식을 갖춰야 함을 피력하기도 했다.

그에게 미디어마케팅 측면에서 역도를 어떻게 보는지 그 가치를 어떻게 판단하는지 물었다. 그는 "역도만큼 노출이 쉬운 종목이 없다"고 생각한다며, 항상 한 명에게 집중해야 하는 경기라는 것을 그 이유로 들었다.

이배영 감독의 말에 따르면, 운동장 전체를 비추면서 다수 선수를 비춰야 하는 여타 경기와는 달리, 역도는 한 선수의 움직임을 중

계카메라가 집중하여 조명해준다.

  이어 "복장 규정이나 홍보 규정 등 관련 규정을 좀 더 완화해 상표권 등 마케팅을 활용하는 쪽으로 움직이면 좋을 것 같다."고 이야기를 마쳤다. 마케팅적 통찰력을 알 수 있는 면모였다. 그가 얼마나 역도에 대해 진심이고, 오랫동안 역도의 부흥을 위해 노력했는지 느껴진 순간이었다.

감동을 준다는 면에서
음악과 스포츠는 한가지다

그저 스키를 한번쯤 타봤다는 이유로 모인 다섯 명의 스키점프 선수들. 스키점프가 무엇인지, 왜 해야 하는지도 모른 채 모인 이들이 열악한 훈련 환경 속에서 결국 이뤄내는 감동의 스포츠 드라마를 그려낸 영화가 있다.

영화 〈국가대표〉는 스키점프를 소재로 한 우리나라 스포츠 영화다. 자극적인 소재와 줄거리가 넘쳐나는 영화계에서 탄탄한 시나리오와 감동적인 드라마 요소로 스포츠 영화로는 드물게 손익분기점을 두 배나 넘기며 흥행에 성공했다.

〈국가대표〉가 언급될 때면 곧이어 머리 뒤쪽에서부터 울려 퍼지는 노래가 하나 있다. 바로 여러 예능과 TV쇼에서 드라마틱한 순간에 자주 배경음악으로 깔리는 〈국가대표〉의 주제곡 '버터플라이'다.

  이 노래의 작곡가 이재학 영화음악감독은 그들이 지금은 작고 보잘것없지만, 그 사람들이 언젠가 하늘을 훨훨 날 수 있다는 용기를 주고 싶다는 마음을 노래에 담았다.

  그는 영화가 제작되기 전 어렴풋이 우리나라 야구가 세계대회 1등을 했다고 기억한다. 그때 벅차오르는 감정으로 곡을 만들었고, '위아더 월드(We are the world)'라는 노래처럼 여러 가수가 화합하며 부르는 곡이 영화에 어울릴 거라고 생각했다고 회상한다.

  자신의 인생도 처음부터 생각대로 잘 풀리고 성공하기만 한 것이 아니라 어떤 과정들을 거치면서 점점 인생을 펼쳐나갈 수 있었기 때문에, 그런 부분들을 담고 싶었다는 말도 덧붙였다. 그런 마음이 사람들에게 전해진 것이었을까. 작곡가의 의도와 상관없이 스포츠 경기는 물론 입시 등 응원이 필요한 순간 등장하는 대표 음악이 되었다.

  영화 〈국가대표〉의 주제곡 사례를 보며 스포츠와 음악이 맞닿아 있는 부분을 생각하게 된다. 스포츠는 그 순간의 환호와 열광이 담겨 있는 분야다. 음악 또한 지속되는 장르는 아니다. 그 순간 듣고 흘러간다.

  그럼에도 불구하고 스포츠의 강렬한 한 장면이 다시금 뉴스나 미디어에 등장할 때 당시의 환희가 되살아나듯, 노래 역시 듣는 순간 나를 그 시절로 다시 끌고 들어가 감성에 빠지게 한다. 스포츠는 팬에게, 음악은 리스너에게 다다르며 감동을 이어간다. 내가 음악을 했던 경험이 분명 스포츠 마케팅을 하는 데도 도움이 되었음을 이재학 영화음악감독을 만나면 다시금 확신하게 된다.

복싱,
나 자신과의 싸움

　김주영 한국복싱진흥원 이사장을 만났다. 세계여자복싱선수권대회 국가대표 코치를 비롯해 지도자로서 꾸준히 족적을 남기며 복싱 분야에 자신만의 방식으로 열의를 쏟는 그를 보니 절로 큰 박수가 나온다.
　그는 현재 한국복싱진흥원 복싱아카데미를 운영하며, 용인대 교수를 역임하고 있다. 용인대 복싱부는 성공이 아니라 성장에 초점을 맞추고 있다. 3등을 하든 1등을 하든 꿈을 향해 발전과 성장을 도모하는 것이 용인대 복싱부의 목표라고 말하는 김주영 이사장의 말을 들으며, 엘리트 복싱이 아니라 기본과 바탕이 단단한 복싱 문화를 꿈꾸는 것이 느껴진다.

흔히 복싱이란 자기 자신과의 싸움이라고 말한다. 어느 스포츠든 그렇겠지만, 복싱은 체급에 따라 경기력을 달리 해야 하는 만큼 체중과 체급을 철저히 조정해야 한다. 함께 했던 김정주 코치는 안 되는 기술을 하나씩 마스터해 가면서 공격을 할 수 있게 됐을 때 복싱에 대한 재미를 느낀다며 복싱을 하며 겪은 내적 치열함을 떠올린다.

김주영 이사장은 국위선양한 선수에게는 마땅한 대우가 있어야 한다고 말한다.

대한민국을 대표한 선수들, 세계를 빛냈던 스타들은 사후에 국립현충원으로 가야 한다고 생각한다며, 연금에 대해서도 과거와 현재, 또 미래의 물가상승률이 다르니 그에 맞춰 개선되어야 하지 않나 덧붙인다. 경찰채용, 공무원 등 국위선양한 이들의 가산점 제도를 언급하는 것도 잊지 않는다.

선수생활 은퇴 후의 그는 그 어느 때보다 활발하다. 프로 선수를 키우는 엘리트 복서 양성, 복싱 저변을 확대하는 아카데미 운영, 후배들을 위한 시스템 개선을 위한 노력 등 그의 행보는 오늘도 바쁘다.

그는 복싱을 꿈꾸는 이들에게 너무 성공이라는 단어에 얽매이지 않았으면 좋겠다는 말을 전한다. 성공에 얽매이다 보면 자괴감이나 부정적인 생각에 빠지게 마련이고, 마음처럼 일이 흐르는 것은 아니니 좌절도 쉽다.

"흘리는 땀방울이 모여 결국에는 큰 바다가 된다. 힘들다고 포기하지 말고 자신의 꿈을 위해 열심히 하면 나중에는 어떠한 분야에서도 성공할 수 있다."

서두르지 않고 한 걸음 한 걸음 기본을 쌓으면서 나아가길 원하는 그의 마음이 복싱을 꿈꾸는 이들에게 잘 전해지기를 기원한다.

가치를 알아보는
안목을 길러라

　스포츠 마케팅의 역사는 1852년으로 거슬러 올라간다. 당시 미국 '뉴잉글랜드 철도회사'가 하버드대학교와 예일대학교의 조정팀을 후원하고 이를 자사 홍보에 활용한 것이 스포츠 마케팅의 시초라 할 수 있다.

　이처럼 스포츠 마케팅이란 기업이 스포츠 행사나 단체 또는 선수 개인에 대해 물질적이고 조직적인 서비스를 제공해 자사의 마케팅커뮤니케이션 목적을 달성하고자 하는 모든 행위를 뜻한다. 이는 마케팅하고자 하는 대상의 유형에 따라 '스포츠 자체에 대한 마케팅(Marketing of The Sports)'과 '스포츠를 통한 마케팅(Marketing

Through The Sports)'으로 구분된다. 기업은 이러한 마케팅 전략을 기반으로 기업의 경제적 효과와 이미지 제고에 가장 효과적인 방법을 선택한다. 잠재적 목표 고객에 대한 데이터를 기반으로 한 가지 마케팅에 집중할 수도 있고, 두 가지 영역을 함께 마케팅 함으로써 최적의 효과를 내기도 한다.

스포츠는 세계인의 공통 언어이다. 언어와 피부색, 삶의 터전은 달라도 좋아하는 스포츠와 선수는 같을 수 있다. 이들은 말이 필요 없다. 몸으로 느끼는 감동과 전율, 이것이야말로 스포츠의 진정한 묘미이자 그들이 소통하는 창구이다. 넬슨 만델라는 스포츠를 가리켜 "스포츠는 열정을 불러일으키는 힘, 사람들을 단결시키는 힘, 세상을 바꾸는 힘이 있다."고 말했다.

스포츠 마케팅의 첫 번째 가치는 이처럼 '스포츠가 지닌 감동과 매력이 기업에 전이(轉移)'되는 데 있다.

스포츠 마케팅의 두 번째 가치는 '대중매체 커뮤니케이션의 한계를 보완'하는 것이다. 기존 대중매체를 이용한 천편일률적인 커뮤니케이션은 한계가 있고 대중이 식상해하는 경우가 많다. 이를 보완하기 위한 돌파구로 소비자의 '브랜드에 대한 경험'을 극대화하는 것을 택한 것이다. 삼성전자가 NFL 경기장에 대형 스크린을 설치해 북미 HDTV 시장 점유율을 제고한 것이 좋은 사례이다.

세 번째 가치로 스포츠 마케팅이 조직 결속 및 사회적 기업 이미지 제고에 기여하는 것을 꼽을 수 있다. 이는 말 그대로 스포츠 마케팅을 기업 내부 커뮤니케이션에 활용하면 조직을 하나로 결속하는 데 매우 효과적인 결과가 나타난다는 것을 뜻한다. 이를 통해 소비자들이 자연스럽게 기업 후원 활동을 사회적 책임의 일환으로 인식해, 기업 이미지 제고에도 큰 역할을 담당한다. 마지막으로 스포츠 마케팅은 '기업 브랜드 가치 제고를 위한 핵심 커뮤니케이션 수단'이 된다. 이는 기업 이미지뿐 아니라 매출 신장에도 직접적인 효과를 미친다. 지난 2004년에 유럽 시장에서 17조 원의 매출을 올리던 삼성전자가 첼시 후원 이후인 2009년 36조 원으로 크게 성장한 것을 봐도 알 수 있다.

스포츠는 각본이 잘 짜인 한 편의 드라마이다. 스포츠 경기 속에서 삶과 죽음, 그리고 인생이 느껴지는 감동이 있어야 관객들이 외면하지 않는다. 조금만 빈틈이 있어도 돌아서는 관객들, 이들을 위해 스포츠는 재미있고 즐겁게 참여할 수 있는 스토리가 필요하다.

스포츠 비즈니스의 성장을 견인함과 동시에 국민들에게 감동과 희망을 주는 스포츠가 지속 가능한 성장을 하기 위해서는 스포츠 마케팅의 가치를 제대로 담을 수 있는 시스템이 요구된다. 또한, 스포츠 마케팅에 있어 가장 중요한 요소는 스포츠 소비자의 마음을 움직이는 것임을 잊지 말아야 할 것이다.

누군가는 남겨야 할
우리 스포츠사의 기록

《기록으로 보는 한국 축구 70년사》의 탄생 비화는 그리 대단한 것이 아니었다.

지금은 미디어의 발달로 월드컵과 같은 빅 이벤트 관련 자료를 검색하는 일이 가능한 시대가 되었다. 하지만 과거에는 심판, 관중, 장소, 선수 유니폼 등과 같은 기초적인 자료조차 구축되어 있지 않아 자료 검색조차 불가능했다.

이러한 부분이 스포츠 마케터에게는 블루오션이 될 수 있다고 판단해 2002년 한일월드컵을 앞두고 제대로 된 대한민국 축구 역사에 대한 《기록으로 보는 한국 축구 70년사》 기록집을 만들어야겠다는 생각이 그 시작이었다. 여기에 우리 축구 역사에 꼭 필요한 일이라는 믿음이 더해졌다.

선수와 감독, 그리고 축구 팬들이 함께했던 현장의 생생함을 글로 남기는 것은, 나아가 대한민국 축구의 미래를 위한 일이라는 사명감을 가지고 집필을 시작하게 되었다.

많은 시간과 노력을 들여 각종 언론자료, 비디오 자료를 구매해 직접 확인 작업을 거쳤다. 당시 우리나라에는 축구 역사에 대한 자료가 유실되거나 거의 보존되지 않은 상태였다. 따라서 인도네시아, 말레이시아 등 타 국가의 국제경기 기록 자료를 각 나라의 축구협회에 요청해야 했고, 자료정리가 잘 되어 있지 않아 수차례 반복 확인해야 하는 등 많은 어려움이 있었다. 이런 여러 난관을 극복한 끝에 출판된 도서가 바로 《기록으로 보는 한국 축구 70년사》이다.

해외의 경우, 해당 국가의 축구협회나 연맹에서 축구 관련 기록집을 출판하기도 한다. 또한, 대기업 측에서 먼저 스폰서십에 참여하기도 한다. 국가를 대표하는 축구 역사 서적에 자사의 브랜드를 비롯해 로고를 노출하는 것은 장시간 동안 홍보 효과를 얻을 수 있기 때문에 이 서적 또한 기업의 스폰서십을 끌어내는 데 도움이 될 것이라 여긴다. 이러한 기업의 후원금은 출판, 출간, 홍보, 마케팅에 매우 유용하게 쓰인다. 책을 출간하는 데 그치지 않고 도서 판매를 통한 매출수익이나 기업의 후원금 등은 유소년 축구 발전을 위해 쓰일 수 있도록 앞으로의 방향을 설정하고 있다.

따라서 《기록으로 보는 한국 축구 70년사》는 대한민국 축구의 역사를 담고 있는 기록집이자 기업 스폰서십을 통해 스포츠 마케팅 또한 가능하게 하는 전략을 담고 있다. 뿐만 아니라, 축구 기록을 실시간으로 얻고자 하는 언론사, 축구관계자 또는 축구에 관심이 많은 사람들이 관련 자료를 손쉽게 찾을 수 있도록 도움을 주는 도서이다. 이렇게 여러 사람들이 필요로 한다면 스포츠에 관련된 자료집은 앞으로도 지속해서 발간될 것이다.

의지가 있다면
언어의 한계는 극복할 수 있다

　브라질에서 《기록으로 보는 한국 축구 70년사》 출판 계획을 세워 나갔을 때의 일이다. 당시 브라질 한국 상공회의소 회장직을 맡고 계시던 이도찬 회장이 한상대회(세계한인비즈니스대회) 참석차 귀국을 하셨는데, 2014년에는 브라질에서 월드컵이 열린다는 정보와 함께 포르투갈어로 출판할 수 있다면 뜻 깊은 일이 될 것 같다는 조언을 해주셨다. 그 조언 한마디가 가슴에 확 와 닿았고 이에 브라질 출국을 결정하게 된 것이었다. 영국에서 출판된 기록집을 바탕으로 역대 월드컵 국가대표 감독들의 인터뷰, 그리고 월드컵 참가경험이 있던 선수들의 경기내용을 10년 단위로 정리한 자료를 첨부했고, 그렇게 고생한 끝에 대한민국 축구 역사에 도움이 될 만한 의미 있는 책이 나오게 된 것이다.

결국 2014년, 브라질월드컵 《기록으로 보는 한국 축구 70년사》는 포르투갈어로 출간되었고 이런 결과를 가져올 줄은 예상하지 못했던 일이다. 이 책은 평소 친분이 있던 한국외국어대학교 김종석 교수의 도움으로 번역본이 완성됐으며, 수십 년 동안 주한 브라질 대사로 일해온 강천학 비서의 도움으로 재점검을 마친 뒤 출간되었다. 책이 출간된 후, 브라질 '상파울루 축구협회'와 '파카엠부 박물관'과 인연이 닿아 파카엠부 축구 박물관에서 출판기념회를 하게 되었다. 그것도 브라질 파카엠부 박물관에서 첫 행사로 출판기념회를 열어준 것이었다.

포르투갈어로 번역된 《기록으로 보는 한국 축구 70년사》는 한인학교를 비롯해 여러 기관에 무려 2,000여 권이 배포되어 있다. 브라질 한인교포 사회가 축구에 관심이 많은 만큼 의미 있는 일이다. 이 책은 4년마다 열리는 월드컵의 개최지에 대한민국 축구의 역사를 알리는 하나의 마케팅 도구라 할 수 있는 것이었는데, 브라질 출판기념회는 생각지도 못했던 일이었다. 이번 브라질 출판기념회는 브라질 한인회 관계자와 지인 및 동료들의 도움이 있었기에 가능한 일이었다.

브라질 축구는 5회의 우승 전적 그리고 월드컵 20회 출전이라는 역사를 가지고 있다. 이런 역사를 기록하고자 상파울루에 있는 파카엠부 축구 박물관과 월드컵 20회 출전 기념관이 만들어진 것이다. 이러한 역사를 담고 있는 기념관에서 대한민국 최초의 행사로 저자의 출판기념회를 가졌다는 것 자체만으로도 큰 의미가 있는 일이 아닐까 생각한다. 또한, 브라질 축구인, 언론인들과 박물관의 관계자들, 그리고 한인의 동포 수백 명이 모인 장소에서 이런 뜻깊은 일을 했다는 생각에 그 자긍심과 뿌듯함은 이루 말할 수 없다.

브라질 파카엠부 축구 박물관 관장과 만날 수 있었던 것은 순전히 브라질 친구인 이윤기 변호사와 이태석 회장의 도움 덕분이었다. 그렇게 파카엠부 축구 박물관 관장과 만남이 이루어졌는데 《기록으로 보는 한국 축구 70년사》를 본 박물관 관장이 이 책을 박물관에 영구히 보존하겠다고 말하는 것이었다. 그야말로 감동의 현장이었다. 이렇듯 사람의 인생은 예상치도 못했던 상황과 인연에 의해 변한다고 생각한다. 인맥 또한 스포츠 마케터에게 무척이나 필요한 역량이기 때문에 스쳐 가는 인연도 사사로이 생각해서는 안 된다.

이 출판기념회는 브라질 사회에 한국 축구가 알려지게 된 커다란 계기를 마련해준 것이다. 그 자리에는 브라질축구협회 감사를 비롯해 여러 관계자들이 참석해 있었고, 많은 로펌관계자들도 함께한 자리였다. 내가 스타라도 되는 양 팬처럼 다가와 사진 촬영을 하기도 했다. 우리나라에서 인정받아야 할 책이 브라질에서 인정받은 느낌 그 자체였다. 행사 직후 각종 언론에 이 소식이 보도되었고, 그 후 인터뷰 요청이 쇄도했다. 놀라운 일이었다.

브라질에 기증할 책의 양이 많아 선적을 하는 등 운반에 있어서 많은 어려움이 있었으나, 한인교포는 물론 브라질 현지인까지 많은 관심을 가져주어서 모든 어려움을 딛고 즐거운 기증식을 할 수 있었다. 이 책을 통해 대한민국의 축구와 한민족의 자긍심을 브라질에 계신 모든 분이 느낄 수 있기를 희망한다.

《기록으로 보는 한국 축구 70년사》는 역사책이기에 앞서 '대한민국 최초의 축구 기록집'이다. 최초로 시도한다는 자긍심을 바탕으로 앞으로도 지속적으로 월드컵과 대한민국 축구가 존재하는 한 책을 발간하는 일을 멈추지 않을 것이다. 훗날 이 책이 하나의 스포츠 마케팅 도구로서 많은 기업의 후원을 끌어낼 수 있길 기원한다.

Part 4

스포츠 마케터의 세계는 확장된다

스포츠 선수의
은퇴 후 활동에 미래가 있다

　대한체육회 실태조사 결과에 따르면 선수들이 중학교 고등학교 졸업 이후 은퇴율이 30퍼센트이며 대학교 재학 중 은퇴율은 27.6퍼센트로 확인됐다. 더욱이 최근 10년 동안 은퇴 선수들의 무직률이 평균 37.7퍼센트에 이른다. 프로의 꿈을 갖고 선수생활을 시작하였지만 은퇴하는 비율이 매우 높으며 또한 그들이 사회로 나아가 새로운 환경에서 적응하기가 매우 어렵다는 뜻이다.
　현재 선수 중의 60퍼센트 대다수는 은퇴 후 진로를 걱정하고 있다고 하며, 은퇴선수 세 명 중 한 명이 실업 상태에, 절반은 월수입이 200만 원이 안 된다고 한다. 매우 안타까운 현실이 아닐 수가 없다. 과연 이러한 현실과 문제를 어떻게 풀어가면 좋을까? 어디부터 시작해야 하는 것일까? 그래도 희망은 있다. 이러한 현실 속에서 눈여겨볼 만한 선수 출신의 한 사람이 있다.

24시즌, 2016년 7월20일 은퇴까지 통산 706경기, K리그 최고령 출장이라는 인상 깊은 경력을 남긴 선수가 있다. 바로 강원FC 김병지 대표이다. 은퇴 후에도 다방면에 걸친 활발한 활동을 펼치고 있다. 자신의 이름을 내건 축구클럽을 운영함은 물론 축구해설가로도 활약하고, 〈꽁병지TV〉라는 유튜브 채널을 개설해 36만 명에 이르는 구독자를 보유하고 있다.

이 모든 활동에는 한 가지 공통점이 있다. 축구에서 출발해 축구를 향해 끝난다는 점이다.

나는 그가 하는 활동에 축구라는 공통점 외에 한 가지 더 일관성이 있다는 걸 발견했다. 그의 활동이 상당 부분이 공익적 활동에 초점이 맞춰져 있었다. 운영비로만 하는 활동이 아니라, 자신의 사비를 털어 공익적 활동을 하는 재단을 만든 것이다.

그에게 이렇게까지 하는 이유가 무엇인지 물어봤더니 인상 깊은 말을 들려주었다. "이 사회는 선순환 구조로 돌아가는 게 맞다. 그래야만 한다. 처음 축구를 시작할 때 많은 분이 도와주지 않았다면 나는 축구를 못 했을 것이다."

지금도 도움의 손길을 받으며 꿈을 키워가는 사람들이 있다며, 그

분들에게 힘이 되고, 그들이 또한 20년 뒤 성공해서 어려움에 처한 이들을 돕는다면, 그것이 '선순환 구조' 아니겠느냐고 말이다.

축구로 성장하면서, 축구와 사회에 감사한 마음을 꼭 돌려주고 싶었다고 말하는 김병지 대표이사. 선수 시절부터 사회에 보답하는 일, 꼭 도움이 되는 일이 무엇일지 생각해왔다는 이야기를 들으며, 이토록 오랫동안 단단한 마음으로 할 수 있는 일이라면, 그야말로 하루이틀 동한 마음으로 하는 활동이 아니었겠다는 것을 잘 알 수 있었다.

그는 굉장히 늦은 나이까지 선수생활을 이어갔다. 그는 자기가 서른다섯 살쯤 은퇴할 것이라고 생각했다고 한다. 당시 은퇴 나이란 서른 중반이 흔했다. 그러나 그즈음이 되어 2년 더하고, 또 2년 더 하고 하다 보니 어느새 마흔다섯이라는 나이에 은퇴를 했다며, 감사한 마음을 드러내는 한편 비인기 종목에 대한 안타까움도 함께 토로했다.

축구는 인기종목 중 하나다. 중년의 나이에 은퇴하는 것이 흔한 일이 아니지만, 그래도 종목의 인기 덕분에 연봉을 어느 정도 보장받으면서 오랜 선수생활을 이어갈 수 있었다. 그에 반해 비인기 종목은 스포츠라는 노동의 대가로 받는 시간이 너무 짧은 것 같다는 말을 덧붙이며, 이를 위한 인프라 정비가 하루빨리 이루어지길 바라는 마음을 보였다.

아무리 선수와 지도자, 업계의 많은 이들이 열정을 갖고 발로 뛰고 몸으로 부딪혀도 정책 단계에서 마련되어야 하는 제도가 있다. 김병지 대표이사의 이야기를 들으며, 우리나라 선수들이 은퇴한 뒤의 미래에 이정표 삼을 만한 길들이 있음에 김병지 대표를 향한 감사의 마음이 드는 한편 여전히 갈 길이 멀다는 생각에 한 사람의 스포츠인으로서 무거운 책임을 느낀다.

누군가를 응원하는
진실된 마음

 현재 인도네시아 감독을 하고 있는 신태용 감독은 평생 스포츠 산업에서 나와 함께 희노애락을 겪어왔다. 러시아월드컵 국가대표 감독이었는데, 신 감독은 성남FC의 프랜차이즈 스타로, 국내 스포츠 역사의 한 페이지를 썼다 할 수 있다. 한국프로축구연맹이 프로축구 출범 40주년을 기념해 신설한 'K리그 명예의 전당'의 최초 헌액자을 공개했는데, 선수 부문에는 최순호 수원FC 단장과 홍명보 울산 현대 감독, 신태용 인도네시아 대표팀 감독, 이동국 대한축구협회 부회장이 이름을 올렸다. 이들은 각 10년의 세대별 대표주자로 선정되는 영예를 갖게 되었다. 그라운드의 여우 신태용은 1992

년 일화천마에서 데뷔해 신인상을 수상하고, 리그 3연패를 두 차례나 일궈냈다. 또 K리그 MVP도 2회나 차지했으며, 401경기 99골-68도움의 신태용이 가진 베스트11 최다 수상(9회) 기록은 지금까지도 깨지지 않은 대기록이다.

신태용 감독이 러시아월드컵 경기차 출국하기 전의 일이다. 어느 날은 꿈을 꿨는데, 내가 산에서 불을 피우려 하고 있었다. 라이터도 없고 성냥도 없고, 불 피울 거리가 없으니 구석기 시대마냥 불을 피울 거리를 이리저리 찾다가 불을 피울 요량으로 나무와 나무를 찾아 비비기 시작했다.

그런데 아무리 비벼도 불이 안 붙는 것이었다. 정말 기진맥진 상태였는데, 무슨 이유에선지 어떡해서든 불을 피워야겠다는 생각에 있는 힘을 끌어다 다시 불을 피우기 시작했다. 이번에는 붙겠지, 했는데 불은 또 안 붙었다. 아무리 꿈이었다지만, 그 꿈의 기억이 지금도 생생하다. 그쯤 힘을 썼으면 포기할 만도 한데 "그래, 한 번만 더 해보자." 하는 마음으로, 나무와 나무를 다시 마구 비비면서 불 피우기를 시도했다.

보통 불이 붙으려고 치면 연기가 나면서 싹 붙는데, 이때 지푸라기를 넣으면서 불씨를 키우지 않나. 연기가 솔솔 피어오르며 불이 붙으려는 거 같아 지푸라기를 넣어 입바람을 살살 불며 또 막 비비는데, 안 붙던 불이 한번 불씨가 생기니 확 살아나더니 화르륵 하고 불길이 어마어마하게 치솟았다.

그 불길에 놀라서 자빠질 정도로 확 뒤로 물러났는데, 꿈에서 깨니 내용이 생생하고 이건 꼭 신태용 감독이 알아야겠다는 생각이 들었다. 바로 전화를 했다. 지금 바로 보자, 하고.

당시 신 감독은 파주 트레이닝 센터에 있었는데, 거기는 아무나 들어가지 못했다. 국가대표 선수들에게 피해가 갈까 봐 함부로 출입할 수 없도록 막아놓은 것인데, 그 새벽에 대뜸 방문한 사람을, 출입 관리실이 들여보내줄 리가 없었다. 신태용 감독하고 만나기로 했다 하고 신 감독에게 전화를 했는데 또 마침 그가 샤워하느라 전화를 안 받는 것이었다. 그 꿈이 뭐라고 그랬을까 싶겠지만, 중요한 일을 앞둔 사람에게 종종 꿈이 의미 있는 징조를 전해주는 것 같은 예감이 강하게 들 때가 있었다. 그러니 마음이 꽤나 급했다.

어찌어찌 연락이 되어서 들어갔는데, 마침 당시 KBS 박수영 기자가 다른 일로 방문해 있었다. 신태용 감독과 얘기하는 영상을 그 김에 찍어주며 꿈 얘기를 함께 들었다. 우여곡절 끝에 불이 붙었는데, 보통 불도 아니고 화르륵 하고 큰 불이 붙었다고 전하며, 분명히 이번 월드컵에서 좋은 성과가 있을 것이라고 덧붙였다. 힘겨운 과정이 있긴 하지만, 불이 붙은 것이라 좋은 꿈일 테니, 이 꿈을 선물하러 왔다고 했다.

신태용 감독은 내 얘기를 다 듣더니 방에 올라가서 5만 원을 들고 왔다. 당시 마침 손흥민 선수, 차두리 코치가 훈련 연습하러 짐을 챙기러 내려오면서 우리와 마주쳐 함께 잠시 인사도 나누었다.

그 이후 월드컵 결과가 어땠나? 좋을 듯하면서 안 좋았다가를 반복하다가 결국 마지막에 독일전에서 2 대 0으로 크게 이겼다.

이건 있을 수 없는 일이었다. 이후 신태용 감독은 나에게 와서 꿈을 꾸려면 제대로 꾸지, 처음부터 불이 붙어야지, 하며 우스갯소리를 했다.

이런 꿈을 꾼 것이 우연은 아니라고 생각한다. 중요한 일을 앞두고 있거나 좋은 일을 앞두고 있는 지인이 있으면 나는 이들의 일이 잘되었으면 하고 항상 기도한다. 실제로 절에 가거나 교회에 가서 기도를 하는 것은 아니지만, 마음으로 깊이 바라는 것이다. 그런 마음의 반영인지, 좋은 꿈을 꾸면 "아, 이건 누구에 대한 꿈이다." 하는 것이 딱 떠오른다. 때로는 꿈을 꿀 때 좋지 않은 방향으로 갈 것 같으면 어떡해서는 용을 써서 좋은 방향으로 이끌려고 꿈 안에서 싸우는 경우도 있다.

최근엔 아끼는 동생의 꿈을 꾸었다. 박사 수료만 해놓고 논문을 하지 않고 있었다. 꿈에서 그 동생이 나왔을 때 내가 "아니 뭐하고 있는 거냐 빨리 박사 논문을 써보자."고 닦달했는데, 사실 그 동생은 실제로 논문을 쓸 상황은 아니었다. "나는 네가 앞으로 인생을 잘 펼쳐 나가려면 무조건 논문을 써야 한다."고 하면서, "논문을 써야 나중에 정치학 교수할 기회도 있는 것이고, 무슨 일을 하더라도 제대로 할 수 있다. 박사학위를 따놓은 것과 따놓지 않은 것은 천지 차이니 조금이라도 여유 있을 때 써봐라." 하는 것이 꿈의 내용이었다며, 동생에게 찾아가 피력했다.

그로부터 한 몇 개월쯤 뒤의 얘기다.

어느 날 자신의 지도 교수님이 내년이면 정년을 한다고 자신을 부르더란다. 몇 년 동안 논문 얘기가 없다가 너 지금 빨리 논문 써야지, 하고 이야기가 나온 것이다. 그 동생이 논문을 쓰고 이제 곧 패스를 앞두고 있다. 그때나 지금이나 논문을 쓸 상황이 아니었지만, 결국 계기와 계기가 만나 논문을 쓰게 된 것이다.

누군가에게 비전이 있고 도전을 앞둔 사람이 있으면 나는 좋은 꿈을 꾸고, 나중에 일이 이루어지면 그 꿈 이야기를 하면서 우리는 우리만의 스토리를 쌓아간다.

주변 사람들이 잘 되길 기원하는 마음이 이제 응원하는 형태로 꿈에서도 드러나는 것이라고 여긴다. 한 사람의 염원이 상대방에게도 영향을 미치고, 결국 서로 교감이 되고 그 또한 인연을 깊어지게 하는 일이었다.

MZ세대가 주역인 시대의
브랜딩과 마케팅

 최근 가장 핫한 콘텐츠는 여성 댄서들의 서바이벌 프로그램인 스트리트우먼파이터(이하 '스우파')이다. 스우파는 댄서들의 열정, 땀, 눈물, 진정성이 함께 어우러진 감동이 전파되면서 콘텐츠 영향력 지수(CPI Powered by RACOI) 종합 부문과 예능 부문 1위, 비드라마 화제성에서도 방송 내내 1위를 차지하였다.
 방송 이후 스우파 열풍은 식을 줄 모르고 휴대전화, 외제차, 은행 광고까지 독차지했다. 과거 댄서는 가수를 돋보이게 하는 '백댄서'라 불렸다. 하지만 스우파 크루들은 예술성, 진정성 그리고 탄탄한 실력을 선보이며 협력자, 동반자로서의 존재감을 드러냈다. 개성 강한 캐릭터와 함께 그들의 몸짓이 주인공이었고 시청자들의 마음을 사로잡았다.

나는 스우파에서 선보인 다양한 장르의 댄스를 감상하면서 그중 브레이크댄스(이하 브레이킹)에 대한 관심을 가져보게 되었다.

브레이킹은 1970년대 초반 미국 뉴욕의 흑인 젊은이들 사이에서 발생한 스트리트 댄스의 한 종류인데 힙합 비트에 맞춰 춤을 추는 것으로 비보잉(B-boying)이라고도 한다. 단순한 춤을 넘어서 아크로바틱을 춤으로 풀어낸 것으로 움직임에 대한 기술과 동작에 대한 연구 등 피나는 노력이 필요한 스포츠이다.

IOC는 MZ세대를 올림픽의 주요 고객층으로 인지하고 가장 인기 있는 스포츠인 서핑, 스케이트보드와 함께 브레이킹을 '2024년 파리올림픽' 정식종목으로 채택하였다.

여기서 눈여겨볼 사실은 대한민국의 브레이킹이 진조크루 소속의 브레이커 'Wing(본명 김헌우)'을 비롯하여 여성 브레이커 'Freshbella(본명 전지예)', 'Ashes(본명 최예슬)', 'Teenie(본명 김주연)' 등 세계 최정상의 실력을 갖춘 선수들이 포진하고 있다는 점이다.

MZ세대가 지지하고 응원하면 매스미디어가 관심을 갖고 다양한 콘텐츠를 지속적으로 생성하게 된다. 또한 브레이킹은 패션, 음악, 스포츠, 건강 등 다양한 산업의 활성화에 기여할 수 있고, 엔터테인먼트적 요소가 많으니 기업의 참여를 쉽게 이끌어내고, 지자체도 지역 명소를 배경으로 한 브레이킹이라는 플랫폼을 구축하면 지역을 브랜딩할 수 있는 매력적인 수단으로 이용할 수 있다.

　스우파의 열풍이 앞으로 브레이킹이라는 스포츠 종목의 체계적인 선수 육성과 지원으로 이어져 2024파리올림픽의 주역이 대한민국이 될 수 있기를 기대해본다. (경기일보 2021년 12월20일 칼럼)

그 어느 때보다
'감동'이 키워드인 시대

　스포츠 마케팅에 성공한 기업들의 사례를 보면 각종 방송법이나 규제를 벗어나 대중들과 직접 교감한 경우가 많다. 목표 고객이 명확할 경우에는 특정 스포츠를 후원함으로써 직접적으로 다가설 수 있으며, 불특정 다수를 대상으로 하더라도 스포츠가 주는 감동과 메시지를 공유함으로써 기업과 상품 이미지의 가치를 높일 수 있다.
　이러한 스포츠 마케팅의 방법으로 첫 번째 경기, 이벤트 등의 후원이 있다. 이는 가장 직접적이고 효과적인 방법으로, 특정 지역이나 국가의 인기 스포츠 경기후원은 국내 기업의 해외시장 진출을 위해 매우 효과적인 마케팅 전략이라고 할 수 있다.

두 번째는 기업 이미지에 적합한 스포츠 스타를 직접적으로 후원하는 방법이다. 이는 기업이 장기적인 안목으로 실행해야 한다. 유망주에 대한 장기적인 후원은 기업의 사회적 책임으로도 연결되지만, 선수의 이미지 하락이나 실적이 저조한 경우 기업에도 리스크가 있다. 그래서 이는 장기적 신뢰가 구축되어야 가능한 스폰서십이라고 할 수 있다.

다음으로 기업이 스포츠팀 후원을 넘어 직접 운영하는 경우도 있다. 이는 프로 스포츠의 활성화로 인해 후원비용이 급격히 증가할 뿐 아니라 브랜드 홍보와 스포츠 비즈니스를 병행하는 프로팀 운영으로 진화하는 경우이다.

네 번째는 언론법에 명시된 간접광고 금지, 시간대별 광고방송 규제 등의 범주에서 해방되어 적극적인 스포츠 공간 활용 및 라이센싱(Licensing)으로 마케팅 하는 방법이다. 이는 경기장에 기업명을 직접 사용하는 등 스포츠 공간을 최대한 활용하는 방법으로, 50개 이상의 기업들이 미국의 스포츠 공간에 대한 기업명 사용권 확보에 참여하고 있다. 마지막으로 커뮤니케이션 집중 활동을 들 수 있다. 이는 스포츠 공식 후원업체가 아니면서 더 적극적인 커뮤니케이션 활동을 펼치는 '앰부시(Ambush) 마케팅'으로 특히 고객 감동과 호감을 불러일으킬 수 있는 창의적인 아이디어가 요구된다.

'스포츠마케팅어워드'가
남긴 것과 남길 것

토크콘서트 〈날개를 달다〉를 성황리에 마치고 난 후, 스포츠 마케터를 꿈꾸는 친구들을 위한 판을 벌여준 것으로 만족할 일은 아니라는 깨달음이 들었다. 토크콘서트로 끝날 것이 아니라 이를 통해 함께 공유할 수 있는 자리가 마련된다면 스포츠 마케팅의 가치를 제고할 수 있고 성장을 만들어 나갈 수 있는 계기가 되지 않겠는가 하는 생각이 들었다.

〈날개를 달다〉가 채 끝나기도 전에 새로운 고민에 빠지기 시작했고 그렇게 계획을 짜던 끝에 국내 최초 스포츠 마케팅 분야에 대한 시상식인 '스포츠마케팅어워드'의 윤곽이 드러나기 시작했다. 물론 주변의 스포츠 관계자들 도움이 무척이나 필요로 하는 일이었다. 하지만 나의 이런 계획과 이 행사가 스포츠 산업 분야에 가져다줄 영향력을 검토해준다면 내 손을 잡아줄 거라는 확신이 섰다.

그렇게 고생 끝에 많은 분들의 도움으로 드디어 2014년 12월 17일, '스포츠마케팅어워드'가 양재동 AT센터 그랜드홀에서 방송인 윤희정, 윤성호 아나운서의 사회로 막을 올렸다. 이날 시상식에는 우리나라를 이끌어 가는 정재계 인사들과 스포츠계를 대표하는 수많은 인물들이 참석해 자리를 빛내주었다. 해외에서도 축전과 함께 체육학계와 스포츠 산업을 이끄는 굵직한 인사들의 축하가 이어졌다. 여기에 스포츠 선수들과 꿈나무들까지 함께 하니 그 참석 인원이 300여 명이 넘었고, 시상식이라기보다는 마치 활기 넘치는 축제의 장이었다.

"그들이 그토록 고대해왔던 자리가 드디어 만들어졌구나." 하는 생각에 나 또한 마음이 들뜨고 상기되었.

당시 국회 교육문화체육관광위원회의 김학용 명예조직위원장은 축사를 통해, "이번 시상식은 대한민국 스포츠 발전에 한 획을 긋는 의미 있는 자리를 만들었다고 생각한다. 이제는 과거처럼 국민들이 보고 즐기는 것뿐만 아니라 스포츠를 통해 산업으로 만들어내고 서비스를 제공하는 것은 스포츠 마케터들의 역할이라고 생각되며 이런 의미 있는 상을 통해 각 분야에서 노력하는 분들이 열정과 희망을 가지고 일할 수 있는 계기가 되길 바란다."고 밝혔다.

　이날 수상자로는 올해의 스포츠 구단 부문에는 현대캐피탈 스카이워커스 배구단, 올해의 스포츠 미디어 부문에는 네이버 스포츠, 올해의 스포츠 선수 부문에는 김연아 선수, 올해의 스포츠 기업 브랜드 부문에는 나이키 스포츠, 올해의 아웃도어 캠핑 부문의 코오롱 스포츠, 올해의 스포츠 협회 연맹 부문에 대한축구협회, 올해의 공로상 부문에는 축구의 김병지 선수, 올해의 유망 선수 부문은 사격의 김청용 선수, 올해의 스포츠 마케터 부문에는 권태우 고양 HiFC 홍보마케팅팀 사원, 올해의 스포츠 마케터 꿈나무 부문에는 김새봄 청소년 스포츠산업포럼 대표가 선정됐다.

　또한 행사는 이날 공로상을 수상한 'K-리그의 전설' 김병지 선수가 〈내 뒤에 공은 없다〉라는 주제로 토크콘서트를 진행해 시상식의 열기를 더했다. 시상식의 공정성을 위해 서울대학교 명예교수이자 대한민국학술원 회원인 임번장 교수님께서 심사위원장을 맡아주셨고, 서울과학기술대학교 명예교수이자 한국생활체육포럼 회장이신 양재근 교수님, 브랜드 마케팅 전문가, 스포츠 전문 언론인 등 각 분야의 전문가들을 전문심사위원단으로 구성했다. 공모를 낸 각 분야별 대상자를 1차로 심사하고, 1차 심사를 통과한 대상자들을 10여 명의 대국민 평가위원단이 약 20여일간 면밀히 살펴 각 분야별 스포츠 마케팅 대상 선정이 이루어진다. 명실상부한 국민이 선정한 영예로운 수상자들이 선정되는 것이다.

　첫 회 행사임에도 불구하고 온라인 설문의 응답 회수는 분야별 1,988회를 기록했으며 시상식 홈페이지에는 행사가 열리기 일주일 전까지 약 1만 1,000여 명이 방문하는 기염을 토하기도 했다. 이렇게 식을 줄 모르는 참여 열기는 '스포츠 마케팅의 시장'이 스포츠 산업에서 매우 중요한 부분이며 성장하고 있는 추세의 반영이 아닐까 하는 것이 관계자의 의견이었다.

　첫 시상식을 시작으로 현재는 6회째 시상식이 거행되었다. 6회째 시상식을 거치며 역대 대국민 평가위원 참여자 수는 2만 3,213명에 이르렀고, 매년 22개 부문을 시상하고 있으며, 역대 행사참가자 수는 1,479명에 이른다. 또한 역대 266개의 수상 후보를 배출하고, 101명과 수상자들이 탄생하였다.

　역대 지방자치단체 부문 수상자로 제천시, 용인시, 고양시, 제천시, 순창군, 양양군, 합천군, 해남군, 보은군, 순창군, 양구군이 이름을 올렸고, 스포츠해설 및 캐스터 부문에 박문성, 배성재, 정우영, 장예원, 이순철, 이상열, 윤성호, 허구연이 수상했다. 역대 영예의 스포츠선수 부문은 김연아 선수를 비롯하여, 문성민, 함상명, 신지애, 이상화, 정조국, 이덕희, 황인범, 오상욱 선수가 수상했고, 스포츠 구단 부문은 성남FC, 한화이글스야구단, 안산그리너스FC, SK와이번즈야구단, 현대캐피탈스카이워커스배구단이 수상했다.

스포츠선수들과 경기장에서 함께 뛰는 응원단장 및 치어리더는 박기량, 김연정, 홍창화, 서현숙, 한재권이 받았으며, 역대 공로상은 김병지, 신태용, 박항서, 박정태, 유승민 IOC위원이 수상했다.

시상식 거듭되면서 스포츠마케팅어워드의 명예는 더욱 높아지고 있다. 그 이유는 바로 공정성에 기반을 두고 있는데, 시상식에 참여하는 자에게 공모비를 일체 받지 않고, 시상식에 후원한 기업의 경우 수상 대상에서 원천적으로 제외시키며, 최종 선정은 대국민을 대상으로 최다득표를 받은 곳이 수상하게 되기 때문이다.

나는 스포츠마케팅어워드의 조직위원장으로서 스포츠마케팅어워드는 순수하게 대국민 평가위원단의 평가로 수상이 결정되었다는 점에서 그 의미가 더욱 깊은 시상식임을, 앞으로 더욱 보완하고 시상 부문 콘텐츠 다양성과 수상 확대를 통해 스포츠 마케팅을 대표하는 축제의 장이 될 수 있도록 각고의 노력을 기울여 나가리라는 다짐을 한다.

시상식을 위해 함께 해주신 모든 분들의 한마디 한마디가 얼마나 큰 힘이 되었고 감사한 일인지 모른다. '스포츠마케팅어워드'를 잘 마칠 수 있었떤 데에는 밤낮 없이 고생한 스태프들의 노력이 큰 힘이 되었다는 것을 인정하지 않을 수 없다. 첫 시상식을 성공적으로 치루고자 하는 행사 관계자들의 열정이 있었기에 가능했던 일이다. 회사 안과 밖, 나와 함께해주는 사람들이 있기에 나는 결코 지칠 수 없다.

다 이뤘다 생각될 때도
배울 것은 있었다

　40대 초반을 국회에서 보좌관으로 근무하면서 맺었던 인연으로 제20대 대통령선거 선거대책본부 수석부대변인으로 명받아 일하게 되었다. 스포츠 산업 현장을 누비고 여러 대학에서 스포츠 경영학을 강의하고, 대한체육회 마케팅 위원장, 한국체육지도자연맹 이사장, 서울시사격연맹회장을 비롯하여 비영리단체의 대표를 역임했지만 대선 캠프에서 일한다는 것은 또다른 도전이었다.

　캠프는 분초를 다투는 현장이다. 특히, 대변인은 후보를 대신하여 언론과 접촉하고 후보의 입장을 전달하는 역할을 수행하기에 후보의 얼굴이다. 따라서, 잘못된 말 한마디만으로 후보에게 큰 누를

끼칠 수 있다.

대변인실은 전·현직 국회의원을 비롯하여 언론 출신, 법조인, 국회 보좌관 출신 등 각 분야에서 다양한 경험을 통해 내공이 단단하고 실수를 하지 않을 검증된 인원을 기용한다. 후보의 정책을 발표하고 논평을 하고, 기사와 뉴스에서 나오는 정보를 검색하여 오보를 정정하고, 상대와의 싸움도 마다하지 않는다. 대선 캠프는 작은 변화 하나에도 민감하게 반응해야 했으니 하루를 밀도 높게 쓴다 해도 모자랄 지경이었다. 그 현장에서 시간이 흐를수록 수면 부족으로 지치고 예민해지는 건 어쩌면 당연한 일일지도 모른다.

거기서 짧은 시간 안에 사람들이 호흡을 맞추고 마지막까지 한마음 한뜻이 되어야 하는 상황에서 이양수 수석대변인은 구성원 모두의 열기를 이끌어내고 기운을 독려했다. 그 역시 지치고 힘들었을 상황에서 조직의 인원 하나하나와 눈을 맞추고 안색을 살피면서 이끌고 간 모습은 내게 진정한 리더십이란 무엇인지, 어떤 모습이어야 하는지를 모범적이고, 상징적으로 보여주는 것이었다.

다양한 사람이 모인 그곳, 짧은 기간에 최대의 능력을 발휘해야만 하는 과제들 앞에 큰 형님의 리더십을 보여준 이양수 수석대변인과 대변인실 모든 분들에게 감사하다.

스포츠 산업을 위해서, 스포츠 산업의 뿌리가 단단해지도록 보다 근본적인 데서 할 수 있는 일이 있을 수도 있겠다는 신념으로 정치와 교육과 산업 현장에서 뛰며 열정을 불태우며 다양한 사람과 인연이 되었던 것이 계기가 되어 대통령직인수위원회까지 가서 부대변인으로 임명받아 사회복지문화분과를 대변하고 정부의 국정과제를 만들고 함께 하게 되었다.

대학에서의 교육경력과 입법기관에서의 경력, 스포츠 단체에서의 행정 경력 등 다양한 경험을 통해 지금 이렇게 대학에서 감사의 역할까지 하게 된 것은 우연의 일치가 아니라 어떻게 보면 지독하게 노력한 하나의 산물이지 않을까 한다.

한 번씩 주변에 있는 내 고등학교 친구들이나 지인들에게 연락이 온다. "재현아, 우리 아들이 갑자기 네 책을 갖고 왔는데, 읽고 자소서를 썼단다. 이 책을 쓴 친구가 아빠 친구다, 라고 얼마나 자랑했는지 모른다."라는 내용이다. 이 친구들은 나보다 훌륭한 이들인데, 그들이 오히려 나보고 내 아이가 너에 대한 책을 읽고 이렇게 꿈을 키워나가더라는 내용을 듣고 사실 뿌듯함과 무거운 책임감, 그리고 앞으로 내가 해야 할 일에 대한 사명감이 온몸을 감쌌다.

당시 스포츠 산업의 미래를 이모저모로 고민하고 있던 내게, 정책과 방향이 결정되는 과정을 경험하는 일은 분명 도움이 되리라 여겼다. 그리고 이때의 경험은 내게 큰 영감을 주었다.

한번쯤은 뒤돌아보고
점검해야 할 때도 있다

　현재 국립인천대학교 상임감사직을 맡고 있다. "감사"라는 단어 자체가 주는 중압감이 실로 무겁다. 먼저 나 자신을 뒤돌아보고 나 자신을 점검하는 시간을 가졌다. 그리고 인간 김재현은 어떤가 내 인생 전체를 회고해보게 된 것이다.

　스포츠 마케터로서 걸어온 길, 입법기관인 국회에서 국정을 살피면서 일해왔던 공직자의 길, 스포츠 단체장을 맡으면서 봉사하고 미래를 준비하며 쌓아온 인연들에 대해 실로 정직하고 열정이 넘쳤다고 자부한다. 때로는 좌절하고, 때로는 온몸으로 부딪혀도 어찌할 수 없는 일도 있었지만, 한번 끝까지 열정을 다한 경험은 언제고 다시 생각지도 못한 인연으로 돌아왔다.

반면 인연이 닿은 사람에게 성심을 다하고 작은 인연이라도 허투루 흘려보내는 법이 없었지만, 그래도 한 사람의 인간이기에 나도 모르는 작은 허물이라도 있다면 이 중요한 자리에 누가 되는 것은 아닐까 하는 우려도 있었다. 깊은 고민과 우여곡절 끝에 상임감사직을 맡고 나서는 이 대학교가 내가 몸담은 곳이라는 생각으로 곳곳에 애정을 두고 있다.

이 자리는 공정한 입장에서 대학의 이념과 목표가 달성할 수 있도록 노력해야 하는 자리이다.

청렴한 행정 환경을 조성하고 깨끗한 윤리관을 확립하고 올바른 반부패·청렴문화를 확산시키고자 많은 노력을 기울이고 있다. 대학의 대표행사인 대동제 축제 기간에는 '청렴이 앉은 자리, 부패가 자라지 않습니다'라는 슬로건을 걸고 인천시민 및 대학 구성원들을 대상으로 반부패·청렴문화 확산을 위한 캠페인을 실시하고, 청렴나무 만들기 행사(청렴나무에 청렴 문구를 기재해 부착하면 룰렛돌리기 자격을 부여하며, 당첨 시 기념품 증정)를 실시해 참여자들의 뜨거운 호응을 얻은 바 있다.

나는 공기 맑은 아침이나 점심을 먹고서 학교를 한 번씩 둘러본다. 지나가다 쓰레기가 보이면 쓰레기도 줍고, 시설을 관리하시는 분과도 인사를 나누고, 환경을 담당하고 청소하는 분과도 밝은 웃음과 함께 나도 인천대학교라는 공통된 소속이 있는 사람이라는 동료의식에서 우러나오는 진심 어린 인사를 건넨다.

인천대학교에도 운동부가 많다. 축구부, 테니스부, 탁구부 등 운동부가 전국 대회에서 우승을 했다는 소식을 들었을 땐, 정말 뛸 듯이 함께 기뻐한다. 내가 어디에 적을 두고, 어떤 직책으로 있든 나는 뼛속부터 스포츠인이 아닌가. 한 사람의 스포츠인으로서 스포츠가 잘되는 것이 그렇게 내 일처럼 기쁠 수가 없었다.

1세대 스포츠 마케터로서 고군분투하며 길을 개척해온 지난 나날, 스포츠의 페어플레이 정신과 공정성을 바탕으로 대학에서도 여지없이 실천하고자 한다.

스포츠인으로 살아갈 앞으로의 날들을 그려보며, 오늘도 활력 넘치는 캠퍼스 안을 거닐면서 복 짓는 하루하루를 만들어본다.

선진국의 스포츠 마케팅을
벤치마킹해야 할 때

    스포츠 선수의 브랜드 가치가 높아지기 위해서는 반드시 성과가 동반되어야 하며 그 시기가 분명 있다. 스포츠에 관심 있어야 알 만한 선수들이 올림픽이나 월드컵처럼 세계적인 이벤트에서 좋은 성적을 올리면 온 국민들에게 주목을 받는다.

    특히 예상하지 못했던 성적 또는 경기력을 보여주거나 눈물의 투혼과 포기하지 않는 모습으로 온몸에 전율을 감도는, 그야말로 감동의 스토리를 선사한 선수는 단숨에 전 국민의 전폭적인 사랑을 받는 선수가 된다. 새로운 스포츠 스타의 탄생이다.

    2023년 10월 빅데이터 분석 결과에 의하면 스타 브랜드 평판에서 1위가 손흥민, 2위는 임영웅, 3위는 방탄소년단인 것으로 분석되었다. 세계적인 경기가 열릴 때에는 이 국가대표라는 이미지가 국민을 하나로 묶는 역할을 하니 소비자들의 상호작용이나 소비 행태가 많이 반영된 것으로 보인다. 브랜드 가치가 올라간다는 것은 해당 선수에 대한 후원 또한 부각되면서 기업에 대한 이미지도 자연스럽게 올라온다는 것을 말한다. 게다가 성적이 잘 나오고 선수들 또한 이미지를 잘 관리하고 사회공헌 활동에도 참여한다는 인식이 생기면 이미지의 상승은 더 말할 것도 없다.

브랜드 자산, 브랜드 평판, 브랜드 이미지 등 이와 관련된 논문들은 20여년 전부터 계속 나오고 있다. 스포츠는 각본 없는 드라마 아닌가. 전 세계 유수의 나라들과 경기를 하고 우리나라를 대표하는 선수들이 다른 나라 프로리그에서 뛰는 일이 이제는 드문 일은 아니다. 그러니 기업 같은 경우에 해외로 판로를 넓히고 싶다 할 때, 해외에서 활발히 활동하는 우리나라 선수에게 광고를 달거나 후원을 하는 것이다. 예를 들어, 타이어 회사가 영국 시장에 자리를 잡고 싶다 할 때, 선수를 활용한 광고를 한다거나 보다 친화적인 마케팅의 일환으로 기업 후원으로 그 선수의 팬데이를 기획하는 일들이 있다.

스타 선수 한 명의 파급력은 김연아 선수 하나만 예로 들어도 충분하다.

오랜 기간 동안 비인기 스포츠로 불모지라 해도 과언이 아니였던 피겨스케이팅 종목은 김연아 선수가 올린 세계적인 성과 하나하나가 국민들의 관심을 돌리게 되었으며 김연아 선수가 지금의 자리에 있기까지의 눈뜨고 볼수 없는 고된 훈련과정과 좌절과 절망속에 피나는 노력으로 끝까지 버티며 일어서는 가슴 뭉클한 스토리를 다큐로 접하면서 훈훈한 감동이 더해지고 결국 국민들은 김연아 선수에 열광하고 빠져들 수밖에 없었다.

자연스럽게 김연아 선수가 나온 경기가 아니라도 다른 선수들의 경기에도 관심을 갖고, 그 어렵다던 피겨 룰에도 관심을 갖지 않은가. 김연아 선수를 오랫동안 광고 모델로 써온 금융기업과 식음료기업도 자연스럽게 떠오른다.

그러니 에이전시나 스포츠 마케터들은 김연아, 박태환 같은 스포츠 스타 선수들의 좋은 선례를 바탕으로 스타 선수의 발굴을 매우 중요한 과제 중 하나로 삼고 있으며, 지속된 투자와 관심, 저변확대로 다양한 종목에서 스타들이 탄생하며 서서히 그 결실을 맺고 있다. 아이어맨 윤성빈 선수, 이번 아시안게임 수영 국가대표 선수들, 배드민턴 안세영 선수가 대표적인 사례이다. 하지만 여기서 만족하지 않고 이제는 더 높은 곳으로 눈을 돌려야 한다.

나는 이제 선진국 모델을 벤치마킹해야 하지 않을까 생각한다.

선진국의 스포츠 마케팅 모델이란 무엇이냐. 쉽게 말하면, 스포츠 산업 파이의 확장이다. 데이비드 베컴을 생각해보자. 영국 선수였던 데이비드 베컴은 당시 미국에서도 빌보드 1위를 하는 등 유명세를 떨쳤던 빅토리아 베컴과 열애설, 이어 결혼까지 발표하며 센세이션을 일으켰다. 스파이스 걸스는 미국에서도 유명한 가수였기에 이들의 스캔들은 미국의 주목을 받으며 축구에는 크게 관심없던 미국인들이 데이비드 베컴에 관심을 가지면서 축구에까지 흥미를 보이는 연쇄작용을 일으켰다.

물론 데이비드 베컴이 미국에 축구붐을 일으켰다는 것은 아니다. 다만 최근 미국의 축구 시장이 커지고 있는 가운데 데이비드 베컴이 운영하는 구단에 메시를 섭외하고 톱에 있는 선수들을 통해 스타 마케팅을 하면서 전 세계에 뛰고 있는 선수들까지도 미국 시장에 관심을 가질 수 있도록 활동하고 있다.

베컴이 여태까지 가지고 있었던 많은 인적 네트워크, 이를테면 광고주나 스폰서 들이 미국 시장에 인지도를 넓히고 자리를 마련하는 데 역시 베컴이 연결고리 역할을 해준다.

해외에서 뛰고 은퇴한 유명한 우리나라 선수들이, 베컴이 새로운 축구 시장을 개척하고 넓히듯, 보다 앞선 산업의 시스템을 도입하면 어떨까 한다. 지도자 역할을 하고 축구 근본의 단단함을 쌓기 위해 노력하고 있지만, 해외에서 경험했던 훌륭한 매니지먼트 시스템, 선수 관리 시스템, 광고 시스템, 후원 시스템들을 도입하여 산업 자체를 키우는 것이다.

그간 우리 스포츠 마케팅은 조금씩이지만 확실히 저변을 넓혀갔다. 현장에서 열심히 뛰는 이들이 보다 먼 목표를 세우고 선수들과 함께 움직인다면 보다 가치 있는 변화가 찾아올 것이라 믿는다.

사람을 챙기고
좋아하는 일을 당연하게 여기는 마음

초등학교 친구가 한밤중 문자메시지를 보내왔다. 대학원에서 박사과정을 밟고 있는 친구인데 논문에 필요한 일인데 내가 해줄 수 있으면 부탁 좀 해도 되겠느냐는 것이다. "미안한데…"로 시작하는 그 문자메시지에서 조심스러움이 그대로 느껴졌다. 그 친구의 부탁이란 내게 그리 어려운 것도 아니어서 "바로 해주마, 걱정하지 마."라는 답을 보냈다. 미안하다는 말만큼 고맙다는 말에도 진심이 가득 담겨 있었다. 그런데 내가 수긍할 수 없는 부분은 다른 데 있었다.

'친구끼리 왜 부탁이라는 단어를 쓰는 거지?' 친구 사이에는 부탁을 하고 들어주는 것이 아니라 챙겨주는 것이 맞다. '이것 좀 부탁해도 되겠니?'가 아니라 '여유가 있다면 이것 좀 챙겨줘'라고 해야 진짜 친구다. 여력이 된다면 챙겨주고 그렇지 못하다면 못 챙겨줄 수밖에 없는 것이다.

내가 친구를 챙기는 방법에는 두 가지가 있다. 첫 번째는 안색을 살피는 것이다. 나는 가족에게도 직원에게도 야단을 치는 법이 없지만 예외가 있다면 안색이 좋지 않을 때다. 안색이 좋지 않다는 것은 건강에 문제가 있다는 것이기 때문이다. 건강이 좋지 않으면 안색이 변하기 마련이며 그런 좋지 않은 기운은 일상생활에도 업무에도 지장을 주게 되므로 주변에 반드시 여파를 끼친다. 안색은 건강과 직결되는 것으로 안색을 살피는 것은 건강을 살피는 것이 된다.

그다음으로는 상황을 살피는 것이다. 일은 잘 되고 있는 것인지, 힘든 건 없는지 관심을 가져야 한다. 상황을 살핀다는 것은 마음을 챙기는 것과 같다. 건강과 마음을 챙기면 다 된 것이다. 나는 내 친구들이 무엇을 좋아하는지 알고 있다. 그래서 친구들의 안색과 상황을 살핀 후에는 그들이 좋아하는 것을 챙긴다. 낚시를 좋아하는 친구라면 나는 낚시를 잘하지 못해도 낚시하러 갈 때 데리고 가 달라고 졸라보기도 한다. 그리고 낚시를 따라가서 함께 즐기고 돌아온다. 자신의 취미활동을 친구가 함께해주는 즐거움이 얼마나 큰지 안다면 내 방법이 옳다고 고개를 끄덕거릴 것이다.

그렇게 마음을 주고받은 친구에게 부탁이라니 나는 부탁이라는 말을 용납할 수 없다. 물론 무리한 부탁으로 부담을 주어서는 안 된다. 할 수 있으면 해달라는 것, 그 이하도 이상도 아니다.

지금까지 많은 친구들과 지내며 힘든 일도 더러 겪곤 했다. 하지만 내가 손해를 조금 입더라도, 서운한 일이 생겼더라도 꿀꺽 삼켜버리곤 했다. 자신에게 상처나 해를 입힌 사람들 앞에서 등을 돌리기 마련이다. 내게 나쁜 사람으로 단정 짓고 멀리하는 것을 당연한 일처럼 여기기도 한다. 누구나 좋은 사람을 곁에 두고 싶어 하는 게 인지상정이다.

하지만 잘 생각해보자. 내 마음을 돌리게 만들어버린 것이 그 사람 때문인지, 아니면 상황 때문인지. 악연은 나쁜 사람을 만난 것이 아니라 나쁜 상황을 만난 것이다.

친구를 비롯해 사람 관계란 지내다 보면 실망할 때도 있고 서운한 일도 생기기 마련이다. 하지만 그런 마음이 들었다고 해서 그런 감정에 마냥 휘둘려서는 안 된다. 그런 부분들은 나 스스로가 잘 다스리고 지켜내야 옳다.

사람을 조건 없이 좋아하는 것은 당연한 일, 그것을 희생이라고 생각하면 안 될 일이다. 내 사람은 돈으로 따질 수 없는 무형의 재산이기 때문이다.

발로 뛰어라,
가슴으로 감동시켜라

　IMG 대표 마크 맥코맥의 노력으로 IMG 사는 세계적인 스포츠 마케팅 에이전시라는 명성을 이어가고 있다. IMG 사는 대한민국이 낳은 최고의 골프선수 박세리와 최경주를 비롯해 타이거 우즈, 마이클 조던과 같은 세계적인 스타들의 대리인으로서 광고를 수주해 최고의 수익을 창출해낸 모든 스포츠 마케터들의 꿈의 회사다.

　마크 맥코맥과 수십년간 함께 활동한 피터 스미스는 IMG 초창기 시절 모든 라이센스 업무를 담당했었으며, 최근 스포츠 중계권이라는 새로운 임무를 맡아 진행하고 있다. 피터 스미스는 세계 방방곡곡을 돌아다니며 스포츠 중계권 보급전략을 수립하고, 이를 통해 엄청난 수익을 창출해냈다. 이를 통해 스포츠와 미디어는 밀접한 관계를 가지고 있다는 사실을 알 수 있다. 모 언론사의 인터뷰에서 피터 스미스는 "스포츠와 미디어의 관계는 자동차와 휘발유의 관계 같은 것"이라 언급한 바도 있다.

스포츠 중계권 사업은 현재 IMG 스포츠 마케팅 에이전시에 없어서는 안 되는 중요 사업 중의 하나로 자리매김을 했다. 이는 이메일이 아닌 유선 통화를 함으로써 사람들과 교감을 한 피터 스미스만의 소통 스타일이 있었기에 가능했다. 나 또한 직접 현장을 방문하는 등 최대한 얼굴을 마주하며 소통을 하기 위해 노력한다.

머리가 아닌 발로 뛰고 가슴으로 상대방을 감동시키는 것이 최고의 스포츠 마케터가 되기 위한 하나의 팁이라 생각한다. 나는 강원도 소재 모 기업의 실무담당자와 5분 미팅을 하기 위해 많은 시간을 미팅 준비에 투자하고 서울에서 강원도까지 달려갔다. 나의 발로 뛰는 모습에 감동을 받은 관계자는 히어로즈 야구단의 광고 유치에 대해 긍정적으로 받아들였고, 더 많은 자료와 설득 끝에 광고 유치에 성공하였다. 스포츠 마케터가 기업의 의사결정권자에게 감동의 메시지를 전하지 못한다면, 스폰서십 유치는 쉽지 않을 것이라는 조언을 해주고 싶다.

인연을 운명으로 만들어라

 인연의 소중함에 대해 생각하며 가까이에서 나를 지켜봐주는 지인들을 하나씩 떠올리다 보면, 인연은 알 수 없는 묘한 것 이상의 운명과도 같은 것이라는 생각을 하게 된다. 양재근 교수님은 나의 대학 시절 은사님으로 지금도 내 버팀목으로 자리하고 계시는 분 중 하나다.

 대학교 시절, 양재근 교수님의 첫 수업 때의 일이다. 그 당시만 해도 우리 학과의 커리큘럼이란 역학, 생리학, 트레이닝 방법론 등이었고 나 또한 그것이 전부인 줄 알고 공부하던 때였다. 그런데 양재근 교수님께서 강의하시는 과목은 바로 스포츠경영, 수업의 교재 또한 《스포츠경영론》이었다. 《스포츠경영론》이라는 교재를 가지고 진행되는 수업은 바로 내가 꿈에나 그릴 수 있었던 신대륙 같은 것과 다름없었다. 그대로 나는 스포츠경영이라는 분야에 걷잡을 수 없이 빨려 들어가기 시작했고 그런 교수님에게도 빠져들었다. 학업에 대한 고민이 있을 때도 교수님을 찾아가 진로에 대한 조언을 들었으며 이때부터 내 마음의 은사님으로 여기게 되었는데, 그렇게 맺어지게 된 교수님과의 인연은 지금까지도 이어져 오고 있다.

나의 첫 저서인 《스포츠 마케터를 꿈꾸는 당신에게》에 축하의 메시지를 온 마음을 다해 써주셨던 양재근 교수님. 교수님도 말머리에 "세상 사람들의 인연은 매우 묘하다."라고 써넣으셨다. 나와의 만남을 가리켜 "마음이 머무는 제자와의 그 매혹적인 이야기"라고 말씀해주셔서 얼마나 감개무량했는지 모른다. 양재근 교수님의 축하 메시지 일부를 소개한다.

김재현 박사는 '학생-가수-박사-국회의원 수석보좌관-대표(스포츠 마케터)' 등 다채로운 경력이 돋보이는 능력이 있는 일꾼이다. 이렇게 짧은 시간에 성공적인 변신을 통해 발군의 실력을 발휘한 김재현 박사는 무한대의 성공 가능성이 있는 '이 시대의 텔런트'임에 틀림이 없다. 그래서 김재현 박사의 다음 행보가 더욱 궁금하다!

박준선 전 국회의원의 보좌관으로 근무할 때 의원님께 양재근 교수님을 후원회 회장으로 추천드린 일이 있다. 박 전 의원님께서는 검사 출신의 법조인으로 국회의원이 되신 분이라 "문화나 예술, 스포츠 분야에 대해 잘 모르시겠지만 양재근 교수님은 제가 모셨던 은사님으로 무척이나 훌륭하신 분인데 연을 맺으면 어떻겠는지" 조심스레 말씀드린 것이다. 그런데 알고 보니 양재근 교수님은 박준선 전 의원님의 고등학교 시절 체육 선생님이셨던 것이다. 얼마나 놀라고 신기했는지 인연이라는 신비함에 대해 다시금 놀라게 된 순간이었다.

현재는 변호사로 계신 박준선 의원님 또한 내게는 또 다른 가족과 같은 분이다. 제18대 국회의원을 지내실 때 수석보좌관으로 박 의원님을 모시며 때로는 손과 발이, 때로는 동지와 형제가 되며 함께했다. 박 전 의원님과는 지금도 지척에서 서로를 돕고 의지하고 응원하는 분이다. 박 전 의원님 또한 나를 혈연으로 맺게 된 연은 아니지만 동생이라고 생각하신다는 것에 얼마나 감사하고 기쁜지, 그분의 축하 메시지는 내 마음을 울리기에 충분했다.

나는 소위 먹물이다. 영혼이 메마른 먹물. 구체적인 인간보다는 진리, 정의와 같은 추상적 가치를 더 신봉하던 먹물. 그런 내가 인간을 믿게 된 것은 순전히 김재현 박사 덕분이다. 피를 나누지는 않았으나 더 끈끈하고 진한 그 무엇을 공유하는 아우, 김재현! 그런 김재현이 쓴 소중한 글모음. 이 책을 접하는 분들도 내가 그랬던 것처럼 삶과 인간의 새롭고 뜨거운 가치를 함께 찾아보시길 감히 권한다.

인연은 이렇게 운명이 되는 것이다. 이런 놀라운 인연은 여기에서 그치지 않는다. 체육학계의 거목이자 대한민국학술원 회원으로 활동 중인 임번장 교수님은 한국생활체육포럼에서 처음 뵙게 되어 알게 된 분이다. 인연을 맺은 지는 그리 오래되지 않았지만 큰 어르신으로 여기고 모시며 지금도 배움을 얻어가고 있는 임번장 교수님은 양재근 교수님의 대학교 은사님이시기도 하다. 이렇게 얽히고설킨 반가운 만남이 인적 네트워크로 이루어지게 된 것이다. 그런 거목 같은 임번장 교수님은 나를 처음에 국회의원 수석보좌관으로 아셨지만 체육전공 출신이라는 것을 아신 후 친근감을 느끼셨다고 했다. 내가 열심히 신나게 살 수밖에 없는 이유, 나를 지켜보고 믿어주는 운명 같은 분들이 있다는 것으로 충분하지 않은가.

40여 년을 줄곧 상아탑이라는 서울대학교의 협착한 연구실 안에서 묻혀 지내온 나에게 있어 김재현 대표는 이론과 현장을 조화롭게 융합해온 미래창조의 새로운 체육·스포츠의 차세대 아이콘으로 다가왔다.

저자 김재현 대표는 국회의원 보좌관으로서의 바쁜 일정, 그리고 젊은 CEO로서의 숨 가쁜 업무에 버거운 땀방울을 흘리면서도 젊은 시절부터 꿈꾸어 오던 스포츠 마케터의 소망을 한 뜸 한 뜸 담아 마치 그 꿈을 해몽하듯 주옥같은 자전적 에세이로 엮어서 이 책을 펴내게 된 경사를 진심으로 축하해 마지않는다.

...

앞으로 저자 김재현 대표는 이 책에서 밝힌 드높은 이상과 다채로운 경륜을 바탕으로 지속적인 성공을 이루어 일천한 이 나라 스포츠 산업을 일궈내고 국민 체육 복지를 뿌리내리는 주역으로 대성할 것을 기대한다.

각기 다른 곳에서 다른 일로 만났지만 존경하는 내 지인들은 내 몸의 일부와 같다. 우리의 손가락이 저마다 제각각의 이름과 역할을 가지고 있지만 함께 쥐었다 펼 수 있고, 서로를 도울 수 있고 함께 뭉쳐 열심히 일을 할 수 있듯이, 나 또한 내 운명 같은 지인들과 더불어 아름다운 손을 이루어가고 있다고 믿는다. 부족한 나를 채워주고 나를 든든하게 받쳐주는 분들이 이렇게 모여 서로 응원하고 도울 때마다 인연을 우연이라 생각하지 않을 것, 인연을 소중히 여길 것, 그것만큼 중요한 것은 없다는 것을 꼭 이야기하고 싶다.

"말하는 대로"는 진리다

나의 외삼촌은 무에서 유를 창조한다고 할 만큼 유능한 사업가로, 모교에 장학금을 기부하는 등 여러 좋은 일 또한 많이 하고 계시는 분이다. 그런 외삼촌을 보며 '나도 꼭 성공해서 저런 멋진 집에서 살아야지' 다짐을 하게 된다. 사람은 어떤 마음을 갖느냐에 따라 인생이 바뀐다. 생각은 행동으로 이어지게 되고 행동은 곧 습관이 되며 습관은 꿈이 되고 꿈은 운명이 된다.

나는 주변의 성공에 대해 부러워만 하고 있는 쪽보다는 함께 기뻐하고 축하해주는 쪽에 가깝다. 함께 좋아해주는 것을 넘어 내 일처럼 기쁜 것은 다시 태어나도 고치지는 못할 것 같다. 내 오지랖은 타고났다고 하지 않았던가. 주변의 성공 소식을 들으면 나는 그렇게 기쁠 수가 없다. 그 사람이 노력한 과정을 알기 때문이다. 그가 노력하는 모습을 나 또한 간접적으로 배워갔고 나도 할 수 있다는 의지가 생겨나기 때문이다. 그런 성공한 사람 곁에 있으면 나 또한 좋은 기운을 받게 되는 것은 당연한 일이다.

나는 친구들에게나 우리 회사 직원들에게도 좋은 기운을 주는 사람이 되어야 한다고 늘 이야기한다. 내 생각이 운명이 되기도 하지만 내가 만나는 사람도 내 운명이 된다고 믿기 때문이다. 언제 죽을지 모르는 인생에서 나 자신을 매 순간 사랑한다면 타인을 이유 없이 부러워하지 않게 될 것이다.

내가 사람을 좋아하고 내 주변에 사람이 많은 것은 좋지 않은 일이 생겼을 때 그 일을 하루빨리 지우려 하기 때문이고 그 사람을 이해하려 노력하기 때문이다. 타인을 이해한다는 건 그 사람의 말이 아니라 삶을 이해할 때 진정한 가치가 있지 않은가. 그런 마음이라면 진심으로 그 사람을 응원하게 되고 좋은 기운을 주지 않을까 생각한다.

이런 내 마인드에는 평생 내게 잘해야 한다거나 열심히 하라는 질책 한마디 하지 않으셨던 아버지의 영향이 무척이나 크다. 항상 나를 말없이 묵묵히 믿어준 아버지가 있었기에 내가 사람을 좋아하고 사랑하며 무엇에든 긍정적인 생각으로 살아올 수 있었던 것이다. 나 또한 아버지에게 배운 대로 내 아이들에게 실천하고 있다. 아버지가 내게 그랬던 것처럼 내 아이들이 하고 싶은 것이 무엇인지에만 귀를 기울인다.

인생을 살면서 나를 오롯이 응원해주는 선배, 친구, 그리고 후배들은 내가 살아가는 원동력이다. 내가 하는 모든 행사들은 만원사례다. 전화 한 통으로 해결되는 일이 대부분이었다. 내게 내 주변의 지인들이 없었다면 어떤 일을 상상하는 순간 미리 '안 될 거야'를 외치며 고개를 저었을지도 모른다. '된다'라는 나의 자신감은 오로지 그들이 불어넣어 준 것임을 인정한다.

2014년 12월 17일, 이제 막 개봉한 윤제균 감독의 영화 〈국제시장〉을 보고 나온 참이었다. 그리고 친구이기도 한 윤제균 감독에게 문자메시지를 보냈다. 이 영화는 분명히 대박이 날 거라는 응원의 메시지와 함께 감동으로 눈물을 흘렸던 장면에 대해 내 감정을 고스란히 담아 보냈다. 그리고 윤제균 감독에게서도 고맙다는 답장을 받았는데 그러고 나서 얼마 지나지 않아 천만 관객을 훌쩍 넘었다. 얼마나 뛸 듯이 기뻤는지 모른다.

윤 감독이 아버지를 생각하며 만들었다는 〈국제시장〉은 우리나라에 꼭 필요한 영화였고 관객을 마음으로 울리기에 충분한 영화였다. 이렇게 내 주변 사람들이 승승장구하는 모습을 보면 내가 이룬 것인 양 그렇게 자랑스러울 수가 없다. 이런 기쁜 일들은 내 것이어도, 남의 것이어도 모두 좋은 기운을 가져다준다. 내 생각이 나를 지배하고 내 운명을 만들기 때문이다. 시샘하고 부러워하기보다 다른 이의 창조적인 일에 박수를 칠 줄 알아야 한다.

또한, 사람의 아흔아홉 가지의 단점을 보려 하기보다 한 가지의 장점을 보려고 노력해야 한다. 결국 모두 내 자산으로 돌아오는 법이다.

나는 세상이 즐거울
일을 하고 싶다

 나는 스포츠 마케터라는 내 직업이 단순히 스포츠 영역에만 머무르기를 원하지 않는다. 나의 기획력과 마케팅이 세상을 즐겁게 만드는 데 작은 보탬이라도 되었으면 하는 바람이다.

 우리나라 스포츠 마케터 1세대로 활동할 당시, 나는 누군가의 인생을 감당해야 하는 직업에 대한 현실의 무게가 엄청났다. 하지만 막상 그 일에 뛰어들었을 때, 나는 당당하고 행복하게 고행길에 나를 밀어 넣었다.

 나의 노력으로 인해 변하는 스포츠 분야의 구조, 그리고 그 속에서 만족을 느끼는 스포츠 선수들과 구단, 나아가 어려운 이웃에게 나누어지는 사랑… 이 모든 것이 내게 행복으로 다가왔다. 살아가면서 만나는 수많은 인연 중에서 나의 이러한 생각에 적극적인 지지를 보내준 많은 사람이 있다.

때론 바쁜 줄 알기에 전화 한 통화에도 힘을 실어주는 선배, 후배, 친구들이 있기에 가능했던 일들이 돌이켜보니 참으로 많다.

선진국은 개인이나 기업을 막론하고 자연스러운 기부문화가 정착되어 있다. 우리나라는 아직 그 경계에 놓여 있는 듯하다. 민들레 홀씨가 퍼져가듯 그렇게 기부문화를 퍼트리는 방법, 나는 스포츠를 통한 이벤트가 가장 큰 시너지 효과를 가져 올 것이라 생각한다. 스포츠 이벤트를 통해 기업과 후원과 스포츠 스타와의 만남, 미디어의 관심이 삼위일체되고, 행사 참여나 후원수익이 어려운 이웃에게 기부되는 것, 이것이 가장 이상적인 기부문화의 사례인 듯하다. 기업의 스포츠 마케팅은 기업이미지와 직결되기 때문이다. 이것이 단지 기업이나 구단의 후원이 아니라 사랑의 후원으로 이어진다면 그야말로 금상첨화가 될 것이다.

누군가를 이용하기보다
기꺼이 도구가 되어줘라

 앞뒤 재지 않고 꿈을 향해 열심히 달려온 시간, 그 시간 속에는 내가 믿고 사랑하는 사람들이 항상 함께 있어 든든했고 외로울 수 없었다. 하지만 나는 그런 주변 사람에게 무엇을 주었을까 생각해 보곤 한다. 그럴 때면 자연스레 박준선 전 국회의원과 함께했던 시간들을 하나씩 하나씩 끄집어 나온다.
 박준선 전 의원은 내가 부족한, 그리고 내가 갈망하는 부분을 채워주고 계시는 분 중 하나다. 대부분의 사람들도 그럴 것이라고 애써 위안을 가져보기도 하지만 부유한 어린 시절을 보냈던 탓인지, 부모님과 양쪽 할머니들께 많은 사랑을 받으며 자란 탓인지 나는 지극히 개인적인 행복과 성공을 꿈꾸며 살아왔다. 하지만 박준선 의원을 만나고 난 뒤 내 생각은 점차 변해가기 시작했다. 그분은 나와는 고민과 성공에 대한 범주부터가 달랐던 분이다. 나와 내 가족이 아닌 국민과 국가를 생각하는 폭을 잴 수 없는 시야부터가 그랬다.

내가 가진 미래에 대한 고민과 불안에 대해 내가 어떻게 살아야 하는지를 흡사 수학 문제를 풀 듯 문제와 답을 알려주며 지도해주셨다. 그런 가르침이 쌓이고 쌓여 언제부터인가 비즈니스 모델을 찾아가는 데 있어서 나의 목표지향점은 결국 국민과 나라가 되었다. 이것은 그리 거창한 것이 아니다. 나 개인만 생각하고 살았던 내가 이타심이라는 것을 배웠고 그것이 살아가는 데 있어서 가장 중요하다는 것을 깨닫게 된 것이다.

이것은 일본에서 가장 존경받는 경영자인 이나모리 가즈오가 말하는 이타적 경영 정신과 닿아 있기도 하다. 내게는 '타인의 성공을 빌어주면 타인들도 모두 내게 힘을 보태어 준다'는 믿음이 있다. 내가 잘되기를 빌어준 이들이 다시 내게 좋은 영향력을 보내주면 내 시야도 넓어지고 바른 판단을 할 수 있는 능력이 생긴다. 그래서 더 나은 일을 해나가기 위해서는 나 자신만 생각할 것이 아니라 주위 사람들을 생각하고 배려 넘치는 이타심에 입각하여 판단해야 한다. 박준선 의원은 이 메시지를 이미 알고 있었고 그것을 내게 깨닫게 해주신 것이다. 항상 나만 생각하고 살았던 내게 그 가르침은 신세계나 다름없었다.

　국회를 떠나 제자리로 돌아왔을 때에도 박준선 전 의원이 계신 곳과 아주 가까운 거리에 일터를 두고 안부를 여쭈었다.

　이런 나를 아는 사람들은 행여 이런 생각을 할지도 모른다. 그렇다면 그분은 내게서 무엇을 얻을 수 있느냐고, 나는 과연 무엇을 드리고 있는지 궁금할 법도 하다.

　언젠가 박준선 전 의원은 나를 행운의 도구로 생각한다고 고백 아닌 고백을 했다. 내가 행운의 도구라니! 그리고 내게 자주 하시는 말씀 중 하나는 나를 매일 보아야 한다는 것. 나를 보면 우스갯소리로 '재수가 있고 운이 좋다'는 것이다. 내게 가르침을 주는 분에게 듣는 이러한 찬사가 얼마나 행복한지 상상도 할 수 없을 것이다.

　나를 밀어주고 당겨주기도 하며 아껴주고 붙잡아주는 내게는 큰 나무 같은 박준선 의원이지만 아이러니하게도 나는 그런 분을 지켜주어야 한다는 생각이 늘 든다. 세상을 향해 이타심으로 봉사하고 큰 그림을 그리는 분이다 보니 세심한 부분을 챙길 수 있는 사람이 필요할 것이기 때문이다. 그리고 그 부분은 내가 제일 잘할 수 있을 거라는 자신감이 있기 때문이다.

　명예나 권력이 아닌 단지 국민을 위해 일하고 싶다고 하는 박준선 전 의원은 당신이 하고자 하는 일을 잘 펼쳐보고자 하니 스스로의 단점이 보인다고 토로한 적이 있다. 그리고 그 단점을 가장 채워

줄 수 있는 사람이 바로 나라는 것을 알았다고 했다. 모든 인연을 소중히 여기고 사람을 아끼는 마음을 가진 사람이 그분에게 필요하다는 것이었다.

사람과 사람과의 관계는 내가 어떻게 생각하는지에 따라 180도 달라질 수 있다. 좋은 사람으로 생각하는 습관, 좋은 면을 바라보는 습관을 가져야 내게 좋은 사람으로 다가오며 나도 좋은 사람으로 다가설 수 있다. 내가 누군가에게 필요한 사람, 상대방에게 행운의 도구가 된다는 것, 그 흥분과 감동을 많은 사람이 깨닫기를 바란다.

즐거우면
몰입이 된다

　내 일과를 살펴보면 60퍼센트는 직장과 업무 일정이고, 40퍼센트는 타인을 위한 일로 가득하다. 누가 정해준 것도 아니고 나 스스로 회의, 약속, 미팅, 모임을 정했고 그렇게 일과에 적어놓은 게 분명한데 그야말로 '남을 위한 일'이 이렇게 많은 시간을 할애할 줄은 몰랐던 일이다. 직장 일로 한창 바쁠 때는 절반 가까이 되는 40퍼센트라는 타인의 일로 업무시간 외의 시간과 주말을 활용하다 보니 힘들고 지칠 때도 있어 숨을 고르고 있기도 한다. 하지만 그것도 잠시, 어차피 주어진 일들이고 "내가 흔쾌히 긍정의 대답을 한 것인데."라는 생각에 최선을 다해보자는 마음으로 뛰게 된다.

복을 받는 일은 복을 짓는 것에서부터 시작된다. 하루하루 반복되는 생활이지만 어느새 시간이 한참 흘러 그때의 그 40퍼센트가 내게 도움이 되고 이미 내 복으로 돌아와 있다는 사실을 깨닫게 된다. 나는 매 순간 작은 일도 소중히 여겨야 한다는 생각에서 벗어난 적이 없다. 그런 내 생각이 나를 필요로 한다면 천 리도 마다치 않고 달려가고 만다. 내가 작게나마 도움을 보탠 사람들이 모두 나의 편이 되는 순간이다.

만나는 사람마다 그리 바빠서 어떻게 사느냐 묻는다. 그 똑같은 질문 속에는 여러 가지 의미가 담겨 있기도 할 것이다. 그렇게 바쁜데 몸은 잘 돌보는지, 일은 세세하게 잘 파악하고 있는지, 바쁜 만큼 득이 생기는 것인지. 그럴 때 나는 이렇게 대답한다.

"모든 스케줄은 제가 만듭니다. 이 세상의 중심은 나라고 하지 않습니까. 제가 좋아서 하는 일, 제 스케줄은 제가 즐기는 일만 가득합니다."

스포츠 마케터로 일하면서 항상 도전하고 그 도전이 확대재생산을 불러일으킬 수 있도록 만들어준 것, 또한 한 가지 일에 몰입할 수 있게 만드는 것. 그것은 모두 내 안에 흔들림 없는 부모님이라는 기둥이 있기 때문이고 그것은 내가 받은 사랑에서 기인한다고 할 수 있을 것이다. 몰입이란 어떤 일을 하는 데 있어서 아주 중요한 것이다. 몰입이라는 것이 내가 하고 싶은 일을 할 때 발산되는 것이라 한다면 나는 스포츠 문화와 관련된 일이라면 나도 모르게 몰입하게 된다.

토크콘서트 〈날개를 달다〉도, '스포츠마케팅어워드' 또한 그런 몰입에서 시작된 산물 중의 하나다. 언젠가 아카데미 시상식을 보면서 생각해낸 것이 있었다. 스포츠 분야에도 이런 시상식이 마련된다면 어떨까. 비단 아카데미 시상식뿐 아니라 연말이면 펼쳐지는 가요대상, 연예대상을 시청할 때도 이런 생각은 끊이지 않았다. 그럴 때마다 언젠가는 스포츠 시상식 또한 이렇게 멋지게 열 수 있지 않을까 하며 하나씩 하나씩 계획해나가기 시작했다.

상이란 누구나 받으면 기뻐하는 것이 아닌가. 만약 누가 내게 어떤 상을 받고 싶은가 하고 묻는다면 나는 이렇게 대답해줄 것이다. 바로 '야무진 상!'이라고 말이다. 내게는 어떤 일이건 반드시 야무지게 처리해야 한다는 확고한 신념이 있다. 야무지다는 말에는 멋지고 깔끔하고 확실하게라는 뜻이 다 담겨 있는 게 아닌가. 어떤 일에 있어서 '이 일을 어떻게 마무리 하고 싶은가'라는 질문을 던진다면 나는 단박에 '야무지게!'라고 답할 것이다.

오늘 아침, 어머니는 또 이런 기도를 하셨을 것이다. 몇십 년째 한결 같은 어머니의 기도는 내가 사회에 꼭 필요한 사람이 될 수 있도록 해달라는 것이다. 어머니의 기도처럼 내 꿈 또한 사회에 꼭 필요한 사람이 되는 것이다. 이것은 어렸을 때부터 간직해온 꿈이기도 하다. 어떤 일이든 야무지게 한다면 사회에 꼭 필요한 사람이 되어 있지 않을까. 지금도 어머니와 전화 통화를 하고 끊을 때면 어머니는 이렇게 말씀하신다.

"재현아, 야무지게 해라."

야무지게 하다 보면 언젠가 내게 '야무진 상'이 주어지지 않을까. 하지만 나는 어쩐 일인지 수상하는 사람이 아닌 시상하는 사람이 되어야겠다는 야심을 버릴 수가 없다.

타인이 만들어놓은 길에서 뛰어노는 것이 편할 수는 있다. 내가 만든 길을 가는 게 두렵기는 하겠지만, 내가 만들어놓은 길에서 많은 사람들이 걷고, 즐거워하고, 희망과 용기를 찾고, 또 다른 꿈을 꿀 수 있다면 엄청난 가치를 만들어낸 것이고, 이게 명품 인생을 사는 것이라고 자부하고 싶다.

예비 스포츠 마케터들에게
하고 싶은 이야기

　스포츠란 대중문화 가운데 하나지만 스포츠 마케터 측면에서 보자면 하나의 상품이다. 단순히 손으로 만질 수 있고 취할 수 있는 상품이 아닌 사람들이 스포츠를 통해 환호하고 웃고 즐기고 감동까지 안겨주는 무형의 상품이다. 스포츠 마케터란 스포츠 연맹을 비롯해 협회, 또한 구단의 입장에 서서 다양한 방법들을 끊임없이 모색해내야 하는 일이다. 어떻게 하면 이 스포츠라는 상품을 사업화 할 것인지 고민을 해야 한다는 뜻이다.
　그래서 스포츠 마케터는 그 누구보다 가슴이 따뜻해야 하고 정직해야 하며 가슴 속에 열정이 끓어야 한다. 그리고 그런 열정을 바탕으로 부지런히 발로 뛸 수 있어야 한다. 머리를 쓰는 것보다 한 걸음 먼저 다가가는 사람, 일을 모색하기보다 현장에 나가 직접 살펴보는 사람이 되어야 한다. 정적인 면과 동적인 면을 동시에 갖추어야 한다. 그러기 위한 일 중 하나로 자기 자신을 꾸미고 알리는 작업이 필요하다.

스포츠 마케팅은 우리나라에서 불모지나 다름없었던 분야였지만 지금은 사정이 많이 달라졌다. 지속적으로 활성화가 되고 부피가 커져가고 있는 분야 중 하나다. 대학에서도 스포츠 마케팅학과가 점차 늘어나는 추세다. 그만큼 스포츠 마케팅의 비즈니스 시장이 커졌고, 점차 체계화되어 가고 있다. 우리나라는 현재 스포츠 마케팅 분야의 성장 단계에 들어섰다고 생각하면 될 것이다.

물론, 여전히 시행착오는 많다. 성숙 단계가 아닌 성장 단계이기 때문이다. 이미 설립된 회사의 뒤만 따라갈 것이 아니라 기획력과 아이디어를 위해 끊임없이 노력해야 한다. 이제 막 스포츠 마케팅의 길에 발을 내디딘 예비 스포츠 마케터라면 경험과 노하우를 쌓기 위한 인턴십 프로그램 등을 찾아다니는 등 직접 체험하고 느껴보려는 각고의 노력이 필요하다. 어떤 분야든 공부하고 일하기 위해서는 적극적이지 않고서는 미래를 보장받을 수 없다. 스포츠 마케터야말로 성장 단계로 들어선 분야이기 때문에 더욱더 능동적인 모습이 필요하다.

내 컴퓨터 속 즐겨찾기에는 스포츠 에이전시를 비롯해 스포츠 협회, 연맹, 모든 구단 등의 스포츠에 관련한 거의 모든 사이트가 저장되어 있다. 밤낮없이 검색하고 찾아본 결과이다. 하지만 그 숫자를 세어보면 100개가 채 되지 않는다는 것을 알고 내심 놀라기도 했다. 스포츠 마케터가 되려고 한다면 나 스스로 궁금한 것들, 필요한 것들을 찾아내는 노력부터 따라주어야 할 것이다.

또한 자신을 꾸미고 알리는 작업도 필요하다. 고객인 스폰서를 진행하는 기업들은 스포츠 마케터의 말과 행동 그리고 이미지에서 선수나 스포츠 상품을 인식하게 된다. 따라서 평소에 좋은 글, 훌륭한 공연, 멋진 경기 등을 현장에서 접하고 메모하여 오감을 느끼는 수련이 필요하다.

좋은 차를 타고 다니고, 좋은 옷을 입는다고 훌륭한 스포츠 마케터가 되는 것이 아니다. 자신을 둘러싸고 있는 다양하고 소중한 인적 인프라로 무장한다면 전 세계를 향해 소통할 수 있고, 실시간 고급 정보를 알아낼 수 있는 것이다.

타인을 위해 쓰는 시간을 제외한 나만의 시간을 100퍼센트라고 하면, 그중 70퍼센트는 새로운 시도에 몰입한다. 하루가 가고, 한 달이 가고, 1년이 지나면 어느새 나머지 70퍼센트가 소중한 고객이 되어 있고, 파트너로 옆에 있게 될 것이다.

에필로그

세 번째
책을 펴내며

두 번째 책을 내면서 나는 다시 책을 펴내는 것에 대해 이렇게 소회한 적이 있다.

내 이야기를 책으로 펴내려는 건 개인적으로는 나를 돌아보고, 대외적으로는 나를 알리는, 그리고 세상과 교감할 수 있는 작업이 될 것이라고 생각했다. 하지만 내 이야기를 쓰는 내내 두 아들이 자꾸 떠올랐다. 바쁜 생활을 핑계로 두 아들에게 아빠가 걸어온 길을 제대로 이야기해 본 적이 없었다는 사실에 적잖이 놀랐다. 아이들과의 대화도 중요하고 추억을 만들어 가는 과정도 중요하지만 너희의 아빠가 세상을 어떻게 바라보고 또 인생을 어떻게 엮어가고 있는지 소중한 가치를 담은 글로 남긴다면 아이들이 앞으로 살아가면서 책을 통해 아빠와 또 다른 소통을 할 수 있지 않을까 하는 생각이 들었다. 그렇다면 먼 훗날 내가 이 세상에 없을 때도 이 소통은 계속 이어질 것이다.

벌써 세 번째 책이다. 새로운 내용에 대한 많은 요청과 한 사람의 스포츠인으로서 갖는 책임감이 다시 나를 책상 앞에 앉게 만들었다. 이번에는 이전 책들에서 다룬 스포츠 마케터에 대한 실무적 정보와 함께 스포츠 마케터가 갖춰야 하는 진정성 있는 태도, 기본 자질에 보다 방점을 두었다. 그리고 무엇보다 달라진 스포츠 산업에 대한 확장된 시야를 담으려고 노력했다.

나를 세상에 드러낸다는 것이 부끄럽기는 하지만 나를 지탱해주는 사람들과 세상과 소통하는 창구가 될 거라는 확신이 책을 내는 데 큰 용기를 주었다. 그들에게 감사한 마음뿐이다.

나는 이렇게 스포츠 마케터가 되었다
| 두 번째 이야기 |

초판 1쇄 인쇄 2023년 12월 8일
초판 1쇄 발행 2023년 12월 15일

지은이 김재현
기획편집 조혜정
디자인 에밀리
펴낸이 정병철
펴낸곳 ㈜이든하우스 출판
출판사등록 신고번호 제2021-000134호
주소 서울시 마포구 양화로 133 서교타워 1201호
대표전화 02-323-1410
팩스 02-6449-1411
이메일 eden@knomad.co.kr

ISBN 979-11-985641-2-2 13190
ⓒ김재현, 2023

· 파본은 구입하신 서점에서 교환해 드립니다.
· 이 책은 저작권법에 의하여 보호를 받는 저작물이므로 무단 전재와 복제를 금합니다.